Guttentag'sche Sammlung
Nr. 45. Deutscher Reichsgesetze. Nr. 45.
Text-Ausgaben mit Anmerkungen.

Das

Entmündigungsrecht

unter Berücksichtigung

der für Preußen geltenden Vorschriften
nebst der Preußischen Justiz-Ministerial-Verfügung
vom 28. November 1899.

Text der civil- und prozeßrechtlichen Bestimmungen
mit Erläuterungen und Inhaltsverzeichniß

von

Dr. P. Koll,
Landgerichtsrath.

Berlin 1900.
J. Guttentag, Verlagsbuchhandlung,
G. m. b. H.

Einleitung.

Die Entmündigung ist ein durch Richterspruch geschaffener Zustand geminderter Geschäftsfähigkeit einer Person, der so lange andauert, bis er wieder durch Richterspruch aufgehoben wird; das Entmündigungsrecht ist der Inbegriff der privatrechtlichen Vorschriften über die Voraussetzungen, das Verfahren und die Wirkungen der Entmündigung und ihrer Wiederaufhebung. Zum Entmündigungsrecht in diesem Sinne gehören daher zunächst nicht die öffentlich-rechtlichen, ihrer Natur nach polizeilichen Vorschriften über die Irrenanstalten und die Aufnahme von Geisteskranken in solche Anstalten[1]) und weiterhin nicht die Wirkungen einer Entmündigung für das Ge-

1) In Preußen sind die öffentlichen Irrenanstalten der Provinzialverwaltung unterstellt (vgl. z. B. die Provinzial-Ordnung in der Fassung vom 22. März 1881 — G.S. S. 233 — §. 128). Für Privatirrenanstalten gilt §. 30 d. Gewerbe-Ordnung in der Fassung des R.Ges. vom 6. August 1896 (R.G.Bl. S. 685). — Für die Unterbringung von Geisteskranken ist zunächst §. 6 des Ges. zum Schutze der persönlichen Freiheit vom 12. Februar 1850 (G.S. S. 45) maßgebend. Ueber die Aufnahme in öffentliche Irrenanstalten entscheiden deren Reglements. Wegen der Privatanstalten s. die Ministerial-Anweisung über die Aufnahme und Entlassung von Geisteskranken u. s. w. in und aus Privatirrenanstalten, sowie über die Einrichtung, Leitung und Beaufsichtigung solcher Anstalten vom 20. September 1895 (D. R.- u. Staatsanz. Nr. 259). Voraussetzung der Aufnahme ist regelmäßig ein Attest des Kreisarztes.

biet des öffentlichen Rechtes.[2]) Ungleich schwieriger ist die Abgrenzung des Entmündigungsrechtes gegenüber den Vorschriften des Privat- und Prozeßrechts. Wenn hierbei vor Allem auch der Gedanke maßgebend bleiben muß, daß es sich um ein Ausnahmerecht handelt, indem einer Person zu ihrem Schutze, aber auch zugleich im Interesse Dritter, die ihr der Regel nach zustehende Geschäftsfähigkeit ganz oder theilweise entzogen wird, so läßt sich doch an der Hand der gesetzlichen Bestimmungen eine vollständige Darstellung nur gewinnen, wenn man sich nicht lediglich auf diejenigen Gesetzesstellen beschränkt, welche ausschließlich oder doch ausdrücklich mit von Entmündigung handeln, sondern man muß auch solche Vorschriften berücksichtigen, die zwar allgemein von Geisteskrankheit und von Geschäftsunfähigkeit (oder von geminderter Geschäftsfähigkeit) sprechen, im praktischen Leben aber ihre hauptsächliche Anwendbarkeit gerade für Entmündigte finden werden. So gehören zum Entmündigungsrecht im strengsten Sinne die Vorschriften des B.G.B., welche sich auf Geschäftsunfähigkeit oder geminderte Geschäftsfähigkeit eines Ehemannes beziehen (z. B. §§. 1409, 1676),[3]) da ein Mann gemäß §. 1303 nicht vor dem Eintritte der Volljährigkeit eine Ehe eingehen darf; es können aber auch Vorschriften, wie diejenigen der §§. 1569, 1583 (Ehescheidung wegen Geisteskrankheit)[4]) nicht unberücksichtigt bleiben, da, wenn auch eine Entmündigung

2) Vgl. z. B. R.Wahlgesetz vom 31. Mai 1869 (R.G.Bl. S. 145) §. 3 „Von der Berechtigung zum Wählen sind ausgeschlossen: 1. Personen, welche unter Vormundschaft oder Kuratel stehen.“ (S. auch das. §. 4 und Preuß. Verordnung über die Ausführung der Wahl der Abgeordneten vom 30. Mai 1849 (G.S. S. 205) §. 8); Rechtsanwaltsordnung vom 1. Juli 1878 (R.G.Bl. S. 177) §. 5 Nr. 3: „Die Zulassung muß versagt werden:

3. wenn der Antragsteller in Folge gerichtlicher Anordnung in der Verfügung über sein Vermögen beschränkt ist“ u. s. w.

3) S. unten bei D II 1 c und f.

4) „ „ D II 1 d.

hier nicht gesetzlich vorausgesetzt ist, doch in der Regel eine solche vorliegen wird. Ebenso handelt zwar B.G.B. §. 1364[5]) allgemein von der Ehe mit einer in der Geschäftsfähigkeit beschränkten Frau ohne Einwilligung ihres gesetzlichen Vertreters, die Minderjährigkeit einer Frau kann sich aber kaum der Kenntniß des Standesbeamten entziehen, und es hat daher diese Vorschrift ihre wesentliche Bedeutung für Entmündigungsfälle. Ueberhaupt dürfte es dem praktischen Interesse mehr entsprechen, im Zweifelsfalle den Kreis der zu behandelnden Vorschriften nicht einzuengen.

Ein einheitliches Entmündigungsrecht für das Deutsche Reich hat erst das B.G.B. geschaffen, nachdem bereits die R.C.P.O. vom 30. Januar 1877 eine wesentliche Vorarbeit dadurch geleistet hatte, daß sie ein einheitliches Entmündigungsverfahren einführte.

Bezüglich des Antragsrechtes und in §. 613 Abs. 2[6]) enthielt die C.P.O. auch materielle Vorschriften, während im Uebrigen Eingriffe in das Civilrecht vermieden wurden (vgl. frühere C.P.O. §§. 593 Abs. 1, 595 Abs. 1 Satz 3, 621 Abs. 3). Welche Bedeutung der durch die C.P.O. auf der Bahn der Rechtseinheit gemachte Schritt gehabt hat, ergiebt sich daraus, daß bis zum 1. Oktober 1879 bezüglich des Entmündigungsverfahrens zwei grundverschiedene Systeme nebeneinander in Geltung waren. Nach dem gemeinen Rechte fand die Entmündigung als Akt der freiwilligen Gerichtsbarkeit nicht in den Formen eines Prozesses, sondern in einem Verfahren der Vormundschaftsbehörde ohne festbestimmte Formen statt,[7]) während das preußische und französische Recht das Entmündigungsverfahren dem Civilprozesse zugewiesen hatte.[8])

5) S. unten bei D II 1 c.
6) Jetzt ersetzt durch B.G.B. §. 115 Abs. I.
7) Vgl. Windscheid, Lehrb. d. Pandektenrechts II §. 446.
8) A.G.O. I 38, Verordn. v. 21. Juli 1849 (G.S. S. 307) §. 78. — C. d. proc. art. 890—897.

Das Verfahren der C.P.O. beruht nach den Beschlüssen der Reichstagskommission von 1875 auf einer glücklichen Verbindung beider Systeme, indem einerseits die Entmündigung und deren Aufhebung in einem Offizialverfahren vor dem Amtsrichter durch Beschluß erfolgt, andererseits aber der die Entmündigung aussprechende oder die Aufhebung ablehnende Beschluß der Anfechtung im Wege der Klage vor dem Landgericht unterliegt. Diesen Karakter des Verfahrens hat auch die neue C.P.O. vom 17. Mai 1898 beibehalten unter gleichzeitiger Einführung zahlreicher Abänderungen, die theils durch die Vorschriften des B.G.B. nothwendig geworden waren, theils einzelne Mißstände beseitigen und namentlich eine stärkere Gewähr gegen Fehlsprüche schaffen sollen.[9])

Sehr erhebliche Unterschiede zeigte auch das bis zum 1. Januar 1900 geltende materielle Recht. Das gemeine Recht bezeichnete als Wahnsinnige diejenigen, bei welchen wegen Störung der geistigen Gesundheit die Handlungsfähigkeit ausgeschlossen war; sie erhielten einen Vormund und waren den Kindern gleichgestellt. Daneben konnten auch Geistesschwache einen Vormund erhalten, und sie waren dann in Betreff der Veräußerungen den Unerwachsenen gleichgestellt, während sie im Uebrigen in ihrer Handlungsfähigkeit nicht beschränkt waren. Interdizirte Verschwender standen den Geschlechtsunreifen gleich und erhielten daher einen Vormund.[10]) Das preußische Recht unterschied die Entmündigung der Rasenden und Wahnsinnigen, d. h. solcher Personen, die des Gebrauches ihrer Vernunft gänzlich beraubt sind, und der Blödsinnigen, denen das Vermögen ermangelt, die Folgen ihrer Handlungen zu übersehen; erstere wurden den Kindern, letztere den Unmündigen gleichgeachtet, während

---

9) Vgl. Begr. z. Novelle der C.P.O. S. 136.

10) Vgl. Windscheid, Lehrbuch d. Pandektenrechts I §§. 54, 71, II §. 446; Entsch. d. Reichsgerichts VII S. 151.

erklärte Verschwender den Minderjährigen gleichgestellt waren und also ebenfalls eines Vormundes bedurften.[11]) Das französische Recht hatte eine vollständige Entmündigung der Regel nach nur für Großjährige, die sich in einem dauernden Zustande von Verstandesschwäche, Wahnsinn und Raserei befinden, und daneben die Bestellung eines Beistandes (conseil judiciaire) für Geistesschwache und Verschwender, dessen Mitwirkung bei bestimmten, wichtigeren Rechtshandlungen erforderlich war.[12]) Für Verschwender trat im Gebiete des rheinischen Rechtes an die Stelle des Beistandes nach der preußischen Vormundschaftsordnung ein Vormund, wodurch diese auch dort den Minderjährigen gleichgestellt wurden.[13]) Das badische Landrecht hatte ebenfalls für die Verschwender zunächst die Beistandschaft, und, wenn diese sich als wirkungslos erwies, eine spätere vollständige Entmündigung.[14]) Hieran knüpften sich im Einzelnen zahllose Unterschiede in den Wirkungen der Entmündigung, insbesondere auch bezüglich der Fähigkeit zur Testamentserrichtung und der Befugnisse des Vormundes zur Vertretung des Entmündigten in familienrechtlichen Angelegenheiten.

Demgegenüber hat die neue Reichsgesetzgebung den längst erwünschten einheitlichen Rechtszustand herbeigeführt und zunächst neben Geisteskrankheit, Geistesschwäche und Verschwendung als neuen Entmündigungsgrund die Trunksucht hingestellt, die im Allgemeinen entsprechend der Verschwendung behandelt wird. Ueber das heutige Entmündigungsrecht läßt sich folgender Ueberblick gewinnen:

1. Das B.G.B. bestimmt die Voraussetzungen der Entmündigung und ihrer Aufhebung,[15]) mit Ausnahme

---

11) A.L.R. I 1 §§. 27—31, II 18 §§. 12—14.
12) C. c. art. 489—515.
13) V.O. v. 5. Juli 1875 §. 81 Nr. 2.
14) Badisches L.R. Satz 513, 513 a.
15) S. unten A 1.

der in C.P.O. §§. 646, 675, 680, 685[16]) geregelten Antragsberechtigung, daneben enthält das E.G.z.B.G.B. (Art. 8) eine Vorschrift über die Entmündigung von Ausländern.[17])

2. Für alle Arten der Entmündigung bestimmt sich das Verfahren nach der C.P.O., neben welcher noch G.V.G. §. 172 und die Vorschriften der Kostengesetze in Betracht kommen.[18])

3. Die im Laufe des Verfahrens nothwendige vorläufige Fürsorge[19]) für den zu Entmündigenden regelt materiell das B.G.B., formell das R.Ges. v. 17. Mai 1898 über die Angelegenheiten der freiwilligen Gerichtsbarkeit.[20])

4. Die Wirkungen der Entmündigung und ihrer Aufhebung regelt das B.G.B. und zwar theils durch allgemeine Vorschriften,[21]) theils durch eine Reihe von Einzelbestimmungen,[22]) neben welchen auch einige Stellen der C.P.O. in Betracht kommen.[23]) Bei der Vormundschaft über Volljährige ist (neben dem F.G.G.) für Ausländer noch E.G.z.B.G.B. Art. 23 Abs. 2 zu berücksichtigen.[24]) Außerdem enthält das E.G.z.B.G.B. noch Uebergangsvorschriften für die bereits nach bisherigem Rechte erfolgten Entmündigungen.[25])

Für die preußische Praxis dürfte es zweckmäßig sein, daß als Anhang die Justiz-Ministerial-Verfügung vom 28. November 1899 über das Verfahren bei Entmündigungen wegen Geisteskrankheit oder wegen Geistesschwäche beigefügt ist.

16) S. unten bei B 1.
17) S. unten A 2.
18) S. unten B.
19) S. unten C.
20) Angeführt als F.G.G.
21) S. unten D I 1, 2a.
22) S. unten D II 1, 2.
23) S. unten D II 3.
24) S. unten D I 2b.
25) S. unten D I 3.

Inhalts-Uebersicht.

A. Die Voraussetzungen der Entmündigung und ihrer Wiederaufhebung.

1. B.G.B. I. Buch, 1. Abschnitt, 1. Titel.
(Natürliche Personen.)

§. 6.

Entmündigt kann werden:[1])

1. wer in Folge von Geisteskrankheit oder von Geistesschwäche[2]) seine Angelegenheiten nicht zu besorgen vermag[3]);
2. wer durch Verschwendung sich oder seine Familie der Gefahr des Nothstandes aussetzt;[4])
3. wer in Folge von Trunksucht seine Angelegenheiten nicht zu besorgen vermag oder sich oder seine Familie der Gefahr des Nothstandes aussetzt oder die Sicherheit Anderer gefährdet.[5])

Die Entmündigung ist wieder aufzuheben, wenn der Grund der Entmündigung wegfällt.[6])

[1]) §. 6 des B.G.B. bestimmt die materiellen Voraussetzungen der Entmündigung; für Ausländer kommt daneben Art. 8 des E.G.z.B.G.B. (s. unten) in Betracht. Abweichend von dem bisherigen Rechte ist die Trunksucht als weiterer Entmündigungsgrund hingestellt; eine Ent-

mündigung aus anderen als den hier aufgeführten Gründen ist ausgeschlossen. Die Entmündigung (und ihre Wiederaufhebung) kann nur in dem durch die C.P.O. geregelten Verfahren erfolgen.*) Der Ausdruck: „Entmündigt kann werden" stellt den Ausspruch der Entmündigung nicht in das Ermessen des Gerichts, sondern legt diesem nach dem Sprachgebrauche des B.G.B. die Verpflichtung auf, die Entmündigung auszusprechen, wenn alle formellen und materiellen Voraussetzungen vorliegen. In Preußen hat nach der Justiz-Ministerial-Verfügung vom 28. November 1899**) die Staatsanwaltschaft darüber zu wachen, daß beim Vorhandensein der gesetzlichen Voraussetzungen die Entmündigung der Geisteskranken und Geistesschwachen, die einer Fürsorge bedürfen, erfolgt (das. §. 1), und sämmtliche Justizbehörden sind angewiesen, in den zu ihrer Kenntniß gelangenden Fällen von Geisteskrankheit oder Geistesschwäche, in welchen sie den Anlaß zu einer Entmündigung als gegeben erachten, dem zuständigen Ersten Staatsanwalte Mittheilung zu machen (das. §. 3 Abs. 2). Das gerichtliche Verfahren setzt einen Antrag voraus; die zugleich materiellrechtliche Antragsbefugniß ist durch die C.P.O. (§§. 646, 675, 680, 685) geregelt [für Preußen s. auch A.G.z.C.P.O. in der Fassung vom 6. Oktober 1899 (G.S. S. 388) §. 3]. Auch Minderjährige können entmündigt werden, doch wird bei Kindern, die das siebente Lebensjahr nicht vollendet haben, kein Bedürfniß dazu vorliegen, während die Entmündigung Minderjähriger häufig zweckmäßig sein wird, wenn die Volljährigkeit und damit die Beendigung der Altersvormundschaft bevorsteht.

[2]) Nr. 1: Die Begriffe Geisteskrankheit und Geistesschwäche, die das Gesetz nicht näher bestimmt, sind nicht der psychiatrischen Wissenschaft, sondern der

*) s. unten B 1.
**) s. unten E.

allgemeinen Lebenserfahrung entnommen und bezeichnen, ohne Unterschied, ob das Leiden angeboren oder später entstanden ist, krankhafte Zustände des Gehirns, welche den Gebrauch der geistigen Kräfte und insbesondere die freie Willensbestimmung beeinträchtigen. Die Geistesschwäche ist somit nur eine Form der Geisteskrankheit, und für die Unterscheidung der beiden Rechtsbegriffe, die nicht mit voller Schärfe möglich ist, ist nicht die ärztliche Bestimmung der Art der Geisteskrankheit, sondern deren Grad maßgebend. Dies ergiebt sich schon aus den gesetzlichen Folgen der Entmündigung, indem bei Geisteskrankheit Geschäftsunfähigkeit, bei Geistesschwäche dagegen, ebenso wie bei der Entmündigung wegen Verschwendung oder Trunksucht, nur Beschränkung der Geschäftsfähigkeit eintritt (B.G.B. §§. 104 Nr. 3, 114). Die Entmündigung wegen Geistesschwäche ist daher bei denjenigen Krankheitszuständen anzuwenden, welche noch die Fähigkeit bestehen lassen, gleich einem Minderjährigen zu handeln. Da die Feststellung der geistigen Erkrankung in der Regel eine besondere Sachkunde erfordert, so darf nach C.P.O. §. 655 die Entmündigung nicht ausgesprochen werden, bevor das Gericht Sachverständige gehört hat; dem Gerichte steht aber allein die Entscheidung darüber zu, ob die Erkrankung einen Grund zur Entmündigung bildet und welche Art der Entmündigung als die zutreffende erscheint.

[3]) Das Vorhandensein von Geisteskrankheit oder Geistesschwäche genügt für sich allein noch nicht, um die Entmündigung, deren Verfahren in beiden Fällen gleichartig ist, auszusprechen, vielmehr bestimmt das Gesetz als weitere Voraussetzung die Unfähigkeit, seine Angelegenheiten zu besorgen. Dies ist namentlich für den Fall der Geistesschwäche von Bedeutung, wenn die Angelegenheiten einfacher Natur sind; in manchen Fällen wird auch die in §. 1910 Abs. 2 B.G.B. bei geistigen Gebrechen vorgesehene Pflegschaft ausreichen, die aber keine Beschränkung

der Geschäftsfähigkeit zur Folge hat und nicht zur vollständigen Vertretung, regelmäßig auch nur mit Einwilligung des Gebrechlichen, angeordnet werden kann (§. 1910 Abs. 3, vgl. auch §. 1920). Bei den eigentlichen Geisteskranken wird in der Regel schon der in §. 104 Nr. 2 des B.G.B. vorgesehene Grund der Geschäftsunfähigkeit zutreffen, während bei der Geistesschwäche erst die Entmündigung selbst die Beschränkung der Geschäftsfähigkeit nach sich zieht. Den Begriff der „Angelegenheiten" erläutert die angezogene Preuß. Just.-Min.-Verfg. in §. 2 dahin, daß darunter nicht nur Vermögensangelegenheiten, sondern die gesammten Lebensverhältnisse, z. B. auch die Sorge für die eigene Person, für Angehörige, die Erziehung der Kinder u. dergl., zu verstehen sind, während die Entmündigung nicht lediglich aus polizeilichen Rücksichten oder im ausschließlichen Interesse anderer Personen erfolgen darf. Seine Angelegenheiten vermag aber auch derjenige Geisteskranke nicht zu besorgen, der außer Stande ist, sich der Verletzung der Strafgesetze zu enthalten. Der Beginn der Wirksamkeit der Entmündigung bestimmt sich bei Geisteskrankheit nach C.P.O. §. 661 Abs. 1, bei Geistesschwäche nach Abs. 2 daselbst.

4) Nr. 2: Verschwendung ist eine sinnlose, den Vermögensverhältnissen nicht entsprechende Vergeudung des Vermögens; sie ist oft ein Zeichen geistiger Störung. Die Verschwendung giebt dann Anlaß zur Entmündigung, wenn die Gefahr droht, daß der Verschwender sich oder seine Familie der Mittel zum standesmäßigen Unterhalte (vgl. B.G.B. §. 1610) berauben wird. Die Entmündigung bewirkt nach §. 114 die Beschränkung der Geschäftsfähigkeit und vor Allem auch, wie die Entmündigung wegen Geistesschwäche und Trunksucht, nach § 2229 Abs. 3 die Unfähigkeit zur Testamentserrichtung.*) Eine

*) S. unten bei D II 2 b.

Mitwirkung der Staatsanwaltschaft findet bei der Entmündigung wegen Verschwendung nicht statt (C.P.O. §. 680 Abs. 4); ein öffentliches Interesse liegt aber dennoch vor, weil der Verschwender, wenn er verarmt, mit seiner Familie der Armenpflege zur Last fallen kann. §. 680 Abs. 5 C.P.O. (s. das. Note 6) läßt daher die landesgesetzlichen Vorschriften unberührt, nach denen die Gemeinden oder die Armenverbände berechtigt sind, die Entmündigung wegen Verschwendung (oder Trunksucht) zu beantragen. Ueber den Eintritt der Wirksamkeit der Entmündigung bestimmt §. 683 Abs. 2 C.P.O.

5) Nr. 4: Die Entmündigung wegen Trunksucht ist bezüglich der Wirkungen und des Verfahrens (abgesehen von C.P.O. §. 681) der Entmündigung wegen Verschwendung völlig gleichgestellt. Voraussetzung ist ein krankhafter, wenn auch nicht ununterbrochener Zustand der Unfähigkeit, dem Anreize zum übermäßigen Genusse geistiger Getränke zu widerstehen, so daß sich der Begriff dem der Geistesschwäche nähert, während die schwersten Fälle sogar in eigentliche Geisteskrankheit übergehen und dann unter Nr. 1 fallen. Nicht hierher gehören Morphiumsucht und ähnliche Zustände. Zu der Voraussetzung der Sucht zum übermäßigen Alkoholgenusse muß noch eines der weiteren Erfordernisse des Gesetzes, Unfähigkeit zur Besorgung seiner Angelegenheiten (s. Note 3), Gefährdung des Unterhaltes für sich oder seine Familie (s. Note 4) oder Gefährdung der Sicherheit Anderer hinzutreten, um die Entmündigung zu rechtfertigen. Ist sie erfolgt, so kann der Vormund auch die Unterbringung in eine Trinkerheilanstalt ohne Einwilligung des Trunksüchtigen veranlassen.

6) Abs. 2 bestimmt in zwingender Form, daß nach Wegfall des Entmündigungsgrundes die Wiederaufhebung der Entmündigung zu erfolgen hat und zwar entweder durch Beschluß des Amtsgerichts (C.P.O. §§. 675, 685) oder durch Urtheil auf die gegen den Ablehnungsbeschluß

des Amtsgerichts nach §§. 679, 686 das. zulässige Klage. Formelle Voraussetzung des gerichtlichen Verfahrens ist wiederum ein Antrag; in Preußen hat die Staatsanwaltschaft auch darüber zu wachen, daß nach Wegfall des Grundes die Wiederaufhebung erfolgt (§ 1 d. angef. Just.-Min.-Verfg.). Die Wirkung der Wiederaufhebung tritt erst mit ihrer Rechtskraft ein (C.P.O. §. 678). Fällt der Grund einer ausgesprochenen Entmündigung weg, und liegt gleichzeitig ein anderer Grund zur Entmündigung vor, z. B. statt Geisteskrankheit Verschwendung, so ist ein neues Entmündigungsverfahren einzuleiten, welches, wenn die Entmündigung wegen Geisteskrankheit erfolgt war, zunächst die Wiederaufhebung dieser Entmündigung zur Voraussetzung hat.

2. E.G.z.B.G.B. Abschnitt I (Allgemeine Vorschriften).

Art. 8. Ein Ausländer kann im Inlande nach den deutschen Gesetzen entmündigt werden,[1]) wenn er seinen Wohnsitz oder, falls er keinen Wohnsitz hat, seinen Aufenthalt im Inlande hat.[2])[3])[4])

[1]) §. 6 des B.G.B. erstreckt sich nach dem in Art. 7 d. E.G. aufgestellten Grundsatze, daß die Geschäftsfähigkeit einer Person nach den Gesetzen des Staates beurtheilt wird, dem die Person angehört, an sich nur auch Inländer, d. h. die Angehörigen des Deutschen Reiches. Um aber auch Ausländer, die sich im Inlande (zu welchem die Schutzgebiete des Reiches nicht mitgerechnet werden) befinden, nicht völlig des in der Entmündigung liegenden Schutzes entbehren zu lassen, bestimmt Art. 8 darüber, in welchen Fällen die Entmündigung eines Ausländers zulässig sein soll, die aber selbstverständlich nur unter den materiellen Voraussetzungen und in den Formen des deutschen

Rechtes erfolgen kann, ohne Rücksicht auf abweichende Vorschriften ausländischer Gesetze. Die regelmäßige Voraussetzung ist, daß der Ausländer seinen Wohnsitz (vgl. B.G.B. §. 7) im Inlande hat. Statt des Wohnsitzes genügt, wenn der Ausländer keinen Wohnsitz, also auch nicht im Auslande, hat, der Aufenthalt im Inlande, was besonders deshalb wichtig ist, weil auch ein nichtentmündigter Geisteskranker nach B.G.B. §§. 104 Nr. 2, 8 in der Regel keinen Wohnsitz begründen kann. Im Gerichtsstande des früheren Wohnsitzes (C.P.O. §. 16) kann die Entmündigung eines Ausländers nicht erfolgen (vgl. auch unten C.P.O. §. 648 Note 2).

[2]) Auch die Wirkungen der Entmündigung können nur nach den deutschen Gesetzen beurtheilt werden, doch gilt für die Einleitung der Vormundschaft und für die Anordnung vorläufiger Maßregeln die Sondervorschrift des E.G. Art. 23 in Verbindung mit F.G.G. §. 44.*)

[3]) Ist der Grund der im Inland erfolgten Entmündigung weggefallen, so kann deren Wiederaufhebung in Inland auch dann beantragt werden, wenn der Ausländer keinen Wohnsitz im deutschen Reiche gehabt und den Aufenthalt daselbst aufgegeben hatte. Für diesen Fall ist nämlich durch §. 676 Abs. 2 Satz 2 C.P.O. die Zuständigkeit des Amtsgerichtes begründet, welches über die Entmündigung entschieden hat, da dem Entmündigten aus Billigkeitsgründen die Anrufung des inländischen Gerichtes nicht versagt werden kann.**)

[4]) Ist ein Inländer im Ausland entmündigt worden, so kann die Wiederaufhebung im Gerichtsstande des §. 676 Abs. 1 (s. das. Note 1 — bei B 1) erfolgen. Im Ausland entmündigte Ausländer können nach Art. 7 Abs. 1 d. E.G.z.B.G.B. nur beim ausländischen Gerichte die Wiederaufhebung der Entmündigung nachsuchen.

---

*) S. unten D I 2 b.

**) Begr. z. Nov. d. C.P.O. S. 142.

B. Das Entmündigungsverfahren.*)

1. Civilprozeßordnung, Buch 6, Abschnitt III (Verfahren in Entmündigungssachen).

§. 645. Die Entmündigung wegen Geisteskrankheit oder wegen Geistesschwäche[1]) erfolgt durch Beschluß des Amtsgerichts.[2])

Der Beschluß wird nur auf Antrag[3]) erlassen.[4])

[1]) S. oben S. 15 f., Note 2 und 3. Die bisherige C.P.O. hatte für alle gesetzlichen Arten der Geisteskrankheit das gleiche Verfahren; nach den jetzigen Vorschriften ist das Entmündigungsverfahren wegen Geistesschwäche zwar im Wesentlichen der Entmündigung wegen Geisteskrankheit entsprechend, doch sind für ersteres besondere Bestimmungen in den §§. 660 Satz 2, 661 Abs. 2, 664 Abs. 3 Satz 3, für letztere in den §§. 661 Abs. 1, 664 Abs. 3 Satz 1 getroffen. Die übrigen Vorschriften in den §§. 645—679 gelten für beide Ent-

---

*) Ueber die Grundzüge des Verfahrens und seiner geschichtlichen Entwicklung vgl. oben die Einleitung S. 7 f. Nach der herrschenden Ansicht wird das Entmündigungsverfahren, trotz seiner prozessualen Formen, zur freiwilligen Gerichtsbarkeit gerechnet (vgl. auch Entsch. d. R.G. Bd. 40 S. 394 f.). Das Beweisverfahren wird von der Offizialmaxime beherrscht (vgl. C.P.O. § 653). Weitere Vorschriften bezüglich der Entmündigung enthält die C.P.O. in den §§. 572 Abs. 1 (s. unten §§. 656 Note 2, 678 Note 2), 473, 477 Abs. 1, 612, 641 Abs. 2 (s. unten C 2 b und D II 3). Wegen §. 3 d. Preuß. A.G.z.C.P.O. s. unten § 680 Note 6. §. 10 d. E.G.z.C.P.O. ist durch das B.G.B. gegenstandslos geworden.

mündigungsfälle. Die §§. 645—663 regeln das amtsgerichtliche Offizialverfahren, die §§. 664—674 die Anfechtungsklage wegen erfolgter Entmündigung, die §§. 675—678 die Wiederaufhebung der Entmündigung, §. 679 die Aufhebungsklage.

2) Vgl. §. 659. Die Entmündigung erfolgt also nicht durch Urtheil. Lehnt das Amtsgericht die Entmündigung ab, so ist nach §. 663 sofortige Beschwerde zulässig, und es kann dann der Entmündigungsbeschluß auch vom Beschwerdegericht an Stelle des Amtsgerichts erlassen werden (vgl. §. 575). Die Zuständigkeit des Amtsgerichts bestimmt sich nach den §§. 648, 650, 651.

3) Der Antrag ist ein dem Anwaltszwange nicht unterliegendes Gesuch, welches schriftlich oder zum Protokolle des Gerichtsschreibers des zuständigen Gerichts angebracht werden kann (§. 647). Wegen der Antragsberechtigung s. §. 646. Zurücknahme des Antrages erledigt das Verfahren, falls nicht ein anderer Berechtigter jenen neuen Antrag stellt, nicht aber der Tod des Antragstellers (vgl. auch B.G.B. §. 1908 Note 1 — unten C 1). Die Streitfrage, ob auch späterer Verlust der Antragsbefugniß (z. B. derjenigen des Ehegatten durch Ehescheidung) das Verfahren beendigt, ist schon wegen der Bestimmung des B.G.B. §. 1908 Abs. 1 in verneinendem Sinne zu entscheiden. Die entgegenstehende Meinung ist auch praktisch unhaltbar, da, namentlich im Falle der Ueberweisung (C.P.O. §§. 650, 651), der Verlust der Antragsberechtigung sich oft der Kenntniß des Entmündigungsrichters entzieht. Soweit im Verlaufe des Verfahrens noch eine Mitwirkung des Antragstellers vorgesehen ist, z. B. in §. 656, fällt diese allerdings ebenso fort, wie bei dessen Tode.

4) Ist der Antrag nur wegen Geistesschwäche gestellt, so kann nicht eine Entmündigung wegen Geisteskrankheit erfolgen, wohl aber umgekehrt (vgl. auch §. 663 Note 1).

§. 646. Der Antrag kann von dem Ehegatten, einem Verwandten oder demjenigen gesetzlichen Vertreter gestellt werden, welchem die Sorge für die Person zusteht.[1]) Gegen eine Person, die unter elterlicher Gewalt oder unter Vormundschaft steht, kann der Antrag von einem Verwandten nicht gestellt werden.[2]) Gegen eine Ehefrau kann der Antrag von einem Verwandten nur gestellt werden, wenn auf Aufhebung der ehelichen Gemeinschaft erkannt ist oder wenn der Ehemann die Ehefrau verlassen hat oder wenn der Ehemann zur Stellung des Antrags dauernd außer Stande oder sein Aufenthalt dauernd unbekannt ist.[3])

In allen Fällen ist auch der Staatsanwalt bei dem vorgesetzten Landgerichte zur Stellung des Antrags befugt.[4])

[1]) Der Kreis der Antragsberechtigten ist hier erschöpfend bestimmt; die Vormundschaftsbehörde hat also kein Antragsrecht. Zu den Verwandten (B.G.B. §. 1589) gehören nicht die Verschwägerten. Die gesetzlichen Vertreter sind nach dem B.G.B. der Vater oder die Mutter als Inhaber der elterlichen Gewalt, der Vormund und der Pfleger (§§. 1909, 1910 Abs. 1), nicht der Gegenvormund. Der Antragsteller muß prozeßfähig sein.

[2]) Satz 1 wird dahin eingeschränkt, daß den Verwandten (aber nicht dem Ehegatten) das Antragsrecht abgesprochen wird, wenn der zu Entmündigende unter Vormundschaft oder elterlicher Gewalt steht. Das Antragsrecht des Ehegatten kann in Betracht kommen, wenn eine minderjährige Ehefrau entmündigt werden soll oder wenn bereits aus einem andern Grunde (z. B. wegen Verschwendung) Entmündigung vorliegt.

³) Gegen eine Ehefrau, die nicht unter elterlicher Gewalt oder Vormundschaft steht, steht den Verwandten nach Satz 3 nur in solchen Fällen ein Antragsrecht zu, in denen die Fürsorge des Ehemannes für die Frau ausgeschlossen ist. Wegen der Aufhebung der ehelichen Gemeinschaft s. B.G.B. §. 1575 und C.P.O. §. 639.

⁴) Die Staatsanwaltschaft hat im öffentlichen Interesse gegen alle Personen ein unbeschränktes Antragsrecht und zugleich die Pflicht, im Bedürfnißfalle die Entmündigung zu beantragen, wenn nicht von anderer Seite ein Antrag gestellt wird. Für Preußen s. Just.Minist.-Verfg. vom 28. November 1899*) §§. 1, 3, 5. Wird der Antrag zurückgenommen, so hat der Staatsanwalt nöthigenfalls durch Stellung eines neuen Antrages dem Verfahren Fortgang zu geben (a. a. O. §. 7 Abs. 4). Zuständig ist die Staatsanwaltschaft bei dem Landgerichte, zu dessem Bezirke das in §. 648 bestimmte Amtsgericht gehört.

§. 647. Der Antrag kann bei dem Gerichte schriftlich eingereicht oder zum Protokolle des Gerichtsschreibers angebracht werden. ¹) Er soll eine Angabe der ihn begründenden Thatsachen und die Bezeichnung der Beweismittel enthalten. ²)

¹) Vgl. oben §. 645 Note 3. Der Antrag kann auch durch einen ausdrücklich Bevollmächtigten gestellt werden. Es ist anzugeben, ob die Entmündigung wegen Geisteskrankheit oder wegen Geistesschwäche beantragt wird (vgl. §. 645 Note 4).

²) Die Vorschrift des Satz 2 ist nicht zwingend („soll"), regelmäßig aber nach der Natur der Sache unentbehrlich. Bei unvollständigen Anträgen hat das Gericht zunächst auf eine Ergänzung hinzuwirken. S. auch

*) unten E.

§. 653 i. A. Der Antrag soll auch die Antragsberechtigung nachweisen.

§. 648. Für die Einleitung des Verfahrens [1]) ist das Amtsgericht, bei welchem der zu Entmündigende seinen allgemeinen Gerichtsstand [2]) hat, ausschließlich zuständig.

Gegen einen Deutschen, welcher im Inlande keinen allgemeinen Gerichtsstand hat, kann der Antrag bei dem Amtsgerichte gestellt werden, in dessen Bezirke der zu Entmündigende den letzten Wohnsitz im Inlande hatte; in Ermangelung eines solchen Wohnsitzes finden die Vorschriften des §. 15 Abs. 1 Satz 2, 3 entsprechende Anwendung. [3])

[1]) Die Fortsetzung des Verfahrens kann nach §§. 650, 651 auch einem anderen Amtsgericht übertragen werden. Von der Einleitung des Verfahrens ist die Staatsanwaltschaft in Kenntniß zu setzen (§. 652; Preuß.Just.-M.Verfg. v. 28. November 1899 §§. 11 Nr. 1, 12).

[2]) Der allgemeine Gerichtsstand einer Person bestimmt sich nach den §§. 13—16. Für Ausländer ist nach E.G. z. B.G.B. Art. 8 (s. oben S. 13 Note 1) nur der Gerichtsstand des Wohnsitzes und, wenn er keinen Wohnsitz hat, der des Aufenthaltsortes begründet. Wegen Russischer Staatsangehöriger s. §. 19 der Preuß.-J.M.Verfg. Wegen Militärpersonen des aktiven Dienststandes s. das. §. 17.

[3]) Hat ein Deutscher seinen Wohnsitz nur im Auslande, so ist der Gerichtsstand des §. 16, der das Fehlen eines Wohnsitzes voraussetzt, nicht begründet. Für diese Fälle trifft Abs. 2 Fürsorge; die Vorschriften des §. 15 Abs. 1 Satz 2, 3 lauten:

„In Ermangelung eines solchen Wohnsitzes gilt die Hauptstadt des Heimathsstaates als ihr Wohnsitz; ist die Hauptstadt in mehrere Gerichtsbezirke getheilt, so wird der als Wohnsitz geltende Bezirk von der Landesjustizverwaltung durch allgemeine Anordnung bestimmt Gehört ein Deutscher einem Bundesstaate nicht an, so gilt als sein Wohnsitz die Stadt Berlin; ist die Stadt Berlin in mehrere Gerichtsbezirke getheilt, so wird der als Wohnsitz geltende Bezirk von dem Reichskanzler durch allgemeine Anordnung bestimmt."

Diese Vorschrift, durch welche für alle Fälle ein Gerichtsstand vorhanden ist, betrifft namentlich auch die Reichsangehörigen in den Deutschen Schutzgebieten. Das Gesetz über die Gerichtsorganisation von Berlin vom 16. September 1899 (G.S. S. 391) ist noch nicht in Kraft getreten.

§. 649. Das Gericht kann vor Einleitung des Verfahrens die Beibringung eines ärztlichen Zeugnisses anordnen. [1])

[1]) Diese Bestimmung dient zur Abwehr offenbar unbegründeter Anträge; es entscheidet das Ermessen des Gerichts. Die Anordnung ist dem Antragsteller zuzustellen.

§. 650. Das Gericht kann nach der Einleitung des Verfahrens, wenn es mit Rücksicht auf die Verhältnisse des zu Entmündigenden erforderlich erscheint, die Verhandlung und Entscheidung dem Amtsgericht überweisen, in dessen Bezirke der zu Entmündigende sich aufhält. [1]) [2])

Die Ueberweisung ist nicht mehr zulässig, wenn das Gericht den zu Entmündigenden vernommen hat (§. 654 Abs. 1). [3])

Wird die Uebernahme abgelehnt, so entscheidet das im Instanzenzuge zunächst höhere Gericht. [4])

[1]) Zur Durchführung der Entmündigung kann ein anderes, als das nach §. 648 für deren Einleitung ausschließlich zuständige Gericht besser geeignet sein, nämlich wenn der zu Entmündigende durch seinen Zustand an einen Ort gebunden ist, der sich außerhalb des Bezirkes dieses Gerichts befindet, doch muß die Ueberweisung als nothwendig erscheinen. Wegen weiterer Ueberweisung s. §. 651.

[2]) Die Uebernahme erfolgt seitens des Gerichtes des Aufenthaltsortes durch Beschluß oder durch thatsächliche Fortsetzung des Verfahrens. Die Staatsanwaltschaft, deren Zuständigkeit durch die Ueberweisung eine Abänderung erleiden kann, ist von der erfolgten Uebernahme in Kenntniß zu setzen (§. 652; Preuß. J.M.Verfg. v. 28. Nov. 1899 §§. 11 Nr. 2, 12, 10). Die Uebernahme erfolgt gebührenfrei (G.K.G. §. 47 Nr. 3) [1]). Beschwerde findet gegen die Uebernahme nicht statt.

[3]) Aus der Nichtanführung des §. 654 Abs. 2 geht hervor, daß die Ueberweisung nicht unzulässig ist, wenn die Vernehmung durch einen ersuchten Richter erfolgt war.

[4]) Also bei Gerichten verschiedener Oberlandesgerichtsbezirke das Reichsgericht. Das Beschwerdegericht kann die Uebernahme anordnen, nicht aber ein drittes Gericht als das zuständige bestimmen.

§. 651. Wenn nach der Uebernahme des Verfahrens durch das Gericht, an welches die Ueberweisung erfolgt ist, ein Wechsel im Aufenthaltsorte des zu Entmündigenden eintritt, so ist dieses Gericht zu einer weiteren Ueberweisung befugt. [1])

Die Vorschriften des §. 650 finden entsprechende Anwendung. [2])

---

*) s. unten bei B 3 a.

[1]) Vgl. die Noten zu §. 650. War der Aufenthaltswechsel schon vor der Uebernahme erfolgt (und dem Gericht unbekannt), so trifft §. 651 nicht zu, doch ist Abhülfe dadurch möglich, daß das überweisende Gericht die Ueberweisung aufhebt, die überhaupt bis zum Vollzuge der Uebernahme zurückgenommen werden kann.

[2]) Namentlich ist §. 650 Abs. 2 zu beachten.

§. 652. Der Staatsanwalt kann in allen Fällen das Verfahren durch Stellung von Anträgen betreiben und den Terminen beiwohnen.[1]) Er ist von der Einleitung des Verfahrens, sowie von einer nach den §§. 650, 651 erfolgten Ueberweisung und von allen Terminen in Kenntniß zu setzen.[2]) [3]) [4])

[1]) Das Recht der Staatsanwaltschaft, den Terminen beizuwohnen, und die Pflicht des Gerichts, diese von allen wichtigen Punkten des Verfahrens in Kenntniß zu setzen (vgl. §§. 648 Note 1, 650 Note 2), auch wenn der Antrag nicht von ihr gestellt war, ist durch die neue C.P.O. ausdrücklich geregelt worden. Für Preußen s. d. Just.Min.Verfg. v. 28. Nov. 1899 §§. 7, 11—18; die Mittheilung an die Staatsanwaltschaft hat regelmäßig durch Vorlage der Akten, in eiligen Fällen durch richterliches Benachrichtigungsschreiben zu erfolgen (das. §. 12).

[2]) Der Staatsanwalt kann auch jederzeit die Akten einsehen und aus ihnen Abschriften sich ertheilen lassen (a. a. O. §. 12 Abs. 2). Erachtet das Gericht die Ermittelungen für abgeschlossen, so sind die Akten vor der Beschlußfassung der Staatsanwaltschaft zur Aeußerung vorzulegen (das. §. 18).

[3]) Dem Entmündigten (bezw. seinem Vertreter oder Beistande) steht ein Recht, den Terminen beizuwohnen, gesetzlich nicht zu, doch kann das Gericht die Anwesenheit gestatten. Das Gleiche gilt für den Antragsteller.

[4]) Im Falle des §. 656 ist die Staatsanwaltschaft zu hören und berechtigt, Beschwerde einzulegen. Vgl. noch §§. 659 und 663 Note 3.

§. 653. Das Gericht hat unter Benutzung der in dem Antrag angegebenen Thatsachen und Beweismittel von Amtswegen die zur Feststellung des Geisteszustandes erforderlichen Ermittelungen zu veranstalten und die erheblich erscheinenden Beweise aufzunehmen. [1]) Zuvor ist dem zu Entmündigenden Gelegenheit zur Bezeichnung von Beweismitteln zu geben, [2]) desgleichen demjenigen gesetzlichen Vertreter des zu Entmündigenden, welchem die Sorge für die Person zusteht, sofern er nicht die Entmündigung beantragt hat. [3])

Für die Vernehmung und Beeidigung der Zeugen und Sachverständigen kommen die Bestimmungen im siebenten und achten Titel des ersten Abschnitts des zweiten Buchs zur Anwendung. Die Anordnung der Haft im Falle des §. 390 kann von Amtswegen erfolgen. [4]) [5])

[1]) Vgl. §. 647 Satz 2. Das Gericht hat von Amtswegen dafür zu sorgen, daß die Ermittelungen zur Feststellung des Geisteszustandes in ausreichender Weise erfolgen. Ein Beweisbeschluß wird nicht erlassen.

[2]) Der zu Entmündigende kann sich hierbei auch eines Beistandes, namentlich eines Rechtsanwaltes bedienen.

[3]) Vgl. §. 646 Note 1. Der Antragsteller hat schon nach §. 647 die Möglichkeit, seine Beweismittel dem Gerichte mitzutheilen, auch sind weitere Mittheilungen des Antragstellers zu berücksichtigen

4) C.P.O. §§. 373—414. Nach §. 390 ist ein Zeuge, der das Zeugniß oder die Eidesleistung ohne Angabe eines Grundes oder, nachdem der vorgeschützte Grund rechtskräftig für unerheblich erklärt ist, verweigert, auch ohne Antrag in die Kosten und zu einer Geldstrafe bis 300 Mk., im Nichtbeitreibungsfalle zu Haft bis zu 6 Wochen, zu verurtheilen. Im Falle wiederholter Weigerung kann von Amtswegen zur Erzwingung des Zeugnisses die Haft nach Maßgabe der §§. 901—913 C.P.O., jedoch nicht über die Zeit bis zur Beendigung des Entmündigungsverfahrens hinaus, angeordnet werden. Der Zeuge hat das Rechtsmittel der Beschwerde.

5) Auch der Antragsteller kann Zeuge sein, und es steht ihm gegen einen die Zeugnißverweigerung gestattenden Beschluß Beschwerde zu. Verwandtschaft mit dem zu Entmündigenden ist kein Grund zur Verweigerung des Zeugnisses.

§. 654. Der zu Entmündigende ist persönlich unter Zuziehung eines oder mehrerer Sachverständigen zu vernehmen [1]). Zu diesem Zwecke kann die Vorführung des zu Entmündigenden angeordnet werden. [2])

Die Vernehmung kann auch durch einen ersuchten Richter erfolgen. [3])

Die Vernehmung darf nur unterbleiben, wenn sie mit besonderen Schwierigkeiten verbunden oder nicht ohne Nachtheil für den Gesundheitszustand des zu Entmündigenden ausführbar ist. [4])

1) Wegen der Wahl und der Ladung der Sachverständigen vgl. Preuß. J.M.Verfg. v. 28. Nov. 1899 §. 14 Nr. 2, 3. Mündlich abgegebene Gutachten sind vollständig zu den Akten festzustellen (das. Nr. 1). Von

jedem Gutachten ist mit möglichster Beschleunigung eine Abschrift dem Regierungspräsidenten einzusenden (das. §. 15). Eine Ablehnung der Sachverständigen ist im amtsgerichtlichen Verfahren ausgeschlossen. Wegen der Vergütung der Sachverständigen vgl. C.P.O. §. 413 und Preuß. Ges. v. 9. März 1872 (G.S. S. 265), Preuß. Verordnung v. 17. Sept. 1876 (G.S. S 411).

2) Diese neue Vorschrift soll die persönliche Vernehmung, auf die das Gesetz ein besonderes Gewicht legt (s. auch §. 650 Abs. 2), nöthigenfalls erzwingen.

3) Abs. 2 ist namentlich wegen der in Anstalten befindlichen Personen nothwendig. Dem ersuchten Richter kann auch die Wahl des Sachverständigen überlassen werden (§. 405).

4) Die Vernehmung, welche häufig außerhalb der Gerichtsstelle zu erfolgen haben wird (vgl. Preuß. J.M.B. §. 14 Nr. 4), kann nicht aus dem Grunde unterlassen werden, weil das Gericht sie als unerheblich erachtet. Nach §. 14 Nr. 5 a. a. O. ist, falls die Vernehmung unterbleibt, der Grund hierfür aktenkundig zu machen.

§. 655. Die Entmündigung darf nicht ausgesprochen werden, 1) bevor das Gericht einen oder mehrere Sachverständige über den Geisteszustand des zu Entmündigenden gehört hat. 2)

1) Eine Zurückweisung des Entmündigungsantrags kann auch ohne Anhörung eines Sachverständigen erfolgen.

2) Das Gericht ist an das Gutachten der Sachverständigen nicht gebunden.

§. 656. Mit Zustimmung des Antragstellers kann das Gericht anordnen, daß der zu Entmündigende auf die Dauer von höchstens sechs

Wochen in eine Heilanstalt gebracht werde, wenn dies nach ärztlichem Gutachten zur Feststellung des Geisteszustandes geboten erscheint und ohne Nachtheil für den Gesundheitszustand des zu Entmündigenden ausführbar ist.[1]) Vor der Entscheidung sind die im §. 646 bezeichneten Personen soweit thunlich zu hören.

Gegen den Beschluß, durch welchen die Unterbringung angeordnet wird, steht dem zu Entmündigenden, dem Staatsanwalt und binnen der für den zu Entmündigenden laufenden Frist den sonstigen im §. 646 bezeichneten Personen die sofortige Beschwerde zu.[2]) [3])

[1]) Die neue, dem §. 81 Str.P.O. nachgebildete Vorschrift bietet in zweifelhaften Fällen ein wirksames Mittel, um den Geisteszustand festzustellen. Die Unterbringung kann auch in einer Privatanstalt erfolgen. Voraussetzung ist: 1. ein ärztliches Gutachten, 2. die Zustimmung des Antragstellers (für den aber nöthigenfalls der Staatsanwalt als Antragsteller eintreten kann) und 3. Anhörung der Antragsberechtigten (mündlich oder schriftlich), soweit thunlich; also wohl immer wenigstens des Staatsanwaltes.

[2]) Die zweiwöchige Frist für die sofortige Beschwerde beginnt nach §. 577 Abs. 2 für den zu Entmündigenden und den Staatsanwalt mit der Zustellung des Beschlusses, doch ist auch vorherige Einlegung statthaft. Da eine Zustellung an die Antragsberechtigten (§. 646) nicht erforderlich ist, so ist für diese die für den zu Entmündigenden laufende Frist ebenfalls als maßgebend erklärt worden. Nach §. 572 Abs. 1 hat die Beschwerde (ausnahmsweise) aufschiebende Wirkung.

[3]) Wird ein Antrag auf Unterbringung des zu Entmündigenden in eine Heilanstalt abgelehnt, so findet gegen diesen Beschluß einfache Beschwerde nach §. 567 Abs. 1 statt.

§. 657. Sobald das Gericht die Anordnung einer Fürsorge für die Person oder das Vermögen des zu Entmündigenden für erforderlich hält, ist der Vormundschaftsbehörde zum Zwecke dieser Anordnung Mittheilung zu machen.[1]) [2])

[1]) Vgl. auch F.G.G. §. 50. Die gleiche Verpflichtung hat nach der Preuß. J.M.V. v. 28. Nov. 1899 §. 8 die Staatsanwaltschaft. Selbstverständlich unterbleibt die gerichtliche Mittheilung, wenn das Entmündigungsgericht selbst die Vormundschaftsbehörde ist, nicht aber wenn letztere eine andere Abtheilung des Amtsgerichts bildet.

[2]) Die Anordnung der vorläufigen Fürsorge (s. unten C.) ist Sache der Vormundschaftsbehörde, die nach eigenem Ermessen zu entscheiden und auch ohne die in §. 657 vorgesehene Mittheilung einzuschreiten hat. Wird die Anordnung einer vorläufigen Vormundschaft abgelehnt, so steht den im §. 646 bezeichneten Personen das Recht der Beschwerde zu (F.G.G. §. 57 Nr. 2). Wegen der Vormundschaftsbehörde s. a. a. O. §. 35, wegen der Zuständigkeit das. §. 36. Vgl. noch E.G. z. B.G.B. Art. 147 Abs. 1.

§. 658. Die Kosten des Verfahrens sind, wenn die Entmündigung erfolgt, von dem Entmündigten, anderenfalls von der Staatskasse zu tragen.[1])

Insoweit einen der im §. 646 Abs. 1 bezeichneten Antragsteller[2]) bei Stellung des Antrags nach dem Ermessen des Gerichts ein Verschulden trifft, können demselben die Kosten[3]) ganz oder theilweise zur Last gelegt werden.[4])

[1]) Wegen der Gebühren s. unten B 3. Wegen der Behandlung der der Staatskasse zur Last fallenden Kosten s. Preuß. J.M.V. v. 28. Nov. 1899 §. 20. Hierher gehören auch die außergerichtlichen Kosten des Antragstellers, namentlich Anwaltsgebühren (vgl. C.P.O. §. 91 Abs. 2).

[2]) Also nicht anwendbar auf den Staatsanwalt.

[3]) Einschließlich der baaren Auslagen des Staatsanwaltes. Den Antragsteller treffen auch die Kosten im Falle der Zurücknahme des Antrags. Ist der Antragsteller im Laufe des Verfahrens gestorben, so haften seine Erben (vgl. §. 645 Note 3).

[4]) Die Bestimmungen über das Armenrecht (§§. 114 ff. C.P.O.) finden auf den zu Entmündigenden (nicht auf den Antragsteller) entsprechende Anwendung.

§. 659. Der über die Entmündigung zu erlassende Beschluß[1]) ist dem Antragsteller und dem Staatsanwalte von Amtswegen zuzustellen.[2])[3])

[1]) Der Beschluß kann entweder auf Ausspruch der Entmündigung (vgl. §. 660) oder auf Ablehnung (§. 662) oder auf Einstellung des Verfahrens (z. B. wegen Zurücknahme des Antrags) lauten und hat zugleich sich über die Kosten auszusprechen (§. 658). Er ist selbstverständlich mit Gründen zu versehen. Der Entmündigungsbeschluß unterliegt (wie der Wiederaufhebungsbeschluß) der formellen Rechtskraft. Stirbt der zu Entmündigende im Laufe des Verfahrens, so ist dieses erledigt.

[2]) Die Zustellung an den Staatsanwalt erfolgt in allen Fällen; dieser hat nach §. 9 der angef. Preuß. J.M.Verf. dem Vorsteher der Anstalt, in welcher der zu Entmündigende untergebracht ist, Nachricht zu geben.

Hatte der Antragsteller einen Bevollmächtigten bestellt, so ist nicht diesem, sondern dem Antragsteller selbst zuzustellen, da §. 176 C.P.O. hier nicht zutrifft. Die Zustellung von Amtswegen regelt sich nach den §§. 208 bis 212 C.P.O.

[3]) Wegen Mittheilung an die vorgesetzte Militärbehörde s. Preuß. J.M.B. §. 17.

§. 660. Der die Entmündigung aussprechende Beschluß ist von Amtswegen der Vormundschaftsbehörde mitzutheilen und, wenn der Entmündigte unter elterlicher Gewalt oder unter Vormundschaft steht, auch demjenigen gesetzlichen Vertreter zuzustellen, welchem die Sorge für die Person des Entmündigten zusteht.[1]) Im Falle der Entmündigung wegen Geistesschwäche ist der Beschluß außerdem dem Entmündigten selbst zuzustellen.[2])[3])

[1]) Vgl. §§. 657 Note 2, 646 Note 1, 661 Note 1. Für die Vormundschaftsbehörde genügt also einfache Mittheilung, die, wenn das Entmündigungsgericht selbst das Vormundschaftsgericht ist, unterbleibt (vgl. §. 657 Note 1).

[2]) Der Entmündigungsbeschluß wegen Geisteskrankhei: wird dem Entmündigten selbst nicht zugestellt; die Anfechtungsfrist beginnt für diesen nach §. 664 Abs. 3 mit der Kenntniß von der Entmündigung (s. das. Note 5).

[3]) Oeffentliche Bekanntmachung der Entmündigung (durch die Vormundschaftsbehörde) findet in Preußen nicht statt.

§. 661. Die Entmündigung wegen Geisteskrankheit tritt, wenn der Entmündigte unter elterlicher Gewalt oder unter Vormundschaft steht, mit der Zustellung des Beschlusses an denjenigen gesetzlichen

Vertreter, welchem die Sorge für die Person zusteht, anderenfalls mit der Bestellung des Vormundes in Wirksamkeit.[1])

Die Entmündigung wegen Geistesschwäche tritt mit der Zustellung des Beschlusses an den Entmündigten in Wirksamkeit.[2])

[1]) Vgl. §. 646 Note 1. Nach bisherigem Rechte (§. 603 Abs. 2) trat die Wirksamkeit mit der Mittheilung an die Vormundschaftsbehörde ein. Die Rechtskraft des Beschlusses (§. 664) ist nicht zur Wirksamkeit erforderlich, doch soll diese nicht eher eintreten, bis ein gesetzlicher Vertreter vorhanden ist; ein solcher ist bereits vorhanden, wenn elterliche Gewalt oder Vormundschaft (auch vorläufige) besteht, und es entscheidet dann die Zustellung an den Gewalthaber oder Vormund, bezw. an den mit der Sorge für die Person nach B.G.B. §. 1909 Abs. 1 betrauten Pfleger. Anderenfalls hat die Vormundschaftsbehörde einen Vormund nach B.G.B. §. 1896 zu bestellen, und mit der Bestellung beginnt, ohne Zustellung an den Vormund, die Wirksamkeit.

Wegen der Beendigung der vorläufigen Vormundschaft s. B.G.B. §. 1908 Abs. 2 und das. Note 3 (unten C 1).

[2]) Also auch wenn bereits eine vorläufige Vormundschaft besteht; dem Vormund ist aber der Entmündigungsbeschluß nach §. 660 gleichfalls zuzustellen.

§. 662. Der die Entmündigung ablehnende Beschluß ist von Amtswegen auch[1]) demjenigen zuzustellen, dessen Entmündigung beantragt war.[2])

[1]) Neben der Zustellung nach §. 659; letztere ist namentlich wegen des Beschwerderechts (§. 663) von Bedeutung.

[2]) Die Bestimmung ist durch die Novelle zur C.P.O. hinzugefügt als eine durch die Sachlage gebotene Rücksichtnahme (Begr. S. 140).

§. 663. Gegen den Beschluß, durch welchen die Entmündigung abgelehnt wird,[1]) steht dem Antragsteller und dem Staatsanwalte die sofortige Beschwerde zu.[2])

In dem Verfahren vor dem Beschwerdegerichte finden die Vorschriften der §§. 652, 653 entsprechende Anwendung.[3])[4])

[1]) Gegen eine bloß die Einleitung des Verfahrens (wegen Unzuständigkeit oder mangelnder Antragsberechtigung) ablehnende Verfügung findet einfache Beschwerde nach §. 567 statt. Keine Beschwerde ist vorgesehen, wenn die Entmündigung statt wegen Geisteskrankheit nur wegen Geistesschwäche erfolgt; in diesem Falle kann aber der Antrag auf Entmündigung wegen Geisteskrankheit von den nach §. 646 Abs. 1 Satz 2 Antragsberechtigten oder vom Staatsanwalte wiederholt werden.

[2]) §. 577.

[3]) Von besonderer Wichtigkeit ist §. 653, nach welchem das Verfahren in der Beschwerdeinstanz ebenfalls ein Offizialverfahren ist, bei dem gemäß §. 652 der Staatsanwalt auch dann mitwirken kann (und zu benachrichtigen ist), wenn er die Beschwerde nicht selbst eingelegt hat.

[4]) Für die Kosten kommt neben §. 97 Abs. 1, 2 in Betracht, daß diese beim Unterliegen des Staatsanwalts der Staatskasse und, wenn das Beschwerdegericht die Entmündigung ausspricht, nach §. 658 Abs. 1 dem Entmündigten zur Last fallen. Vgl. noch G.K.G. §§. 34 Nr. 1, 45 Abs. 1 und wegen der Anwaltsgebühren unten B 3b.

§. 664. Der die Entmündigung aussprechende Beschluß kann im Wege der Klage binnen der Frist eines Monats angefochten werden.[1])

Zur Erhebung der Klage sind der Entmündigte selbst,[2]) derjenige gesetzliche Vertreter des Entmündigten, welchem die Sorge für die Person zusteht,[3]) und die übrigen im §. 646 bezeichneten Personen befugt.[4])

Die Frist beginnt im Falle der Entmündigung wegen Geisteskrankheit für den Entmündigten mit dem Zeitpunkt, in welchem er von der Entmündigung Kenntniß erlangt,[5]) für die übrigen Personen mit dem Zeitpunkt, in welchem die Entmündigung in Wirksamkeit tritt.[6]) Im Falle der Entmündigung wegen Geistesschwäche beginnt die Frist für den gesetzlichen Vertreter des unter elterlicher Gewalt oder unter Vormundschaft stehenden Entmündigten mit dem Zeitpunkt, in welchem ihm der Beschluß zugestellt wird,[7]) für den Entmündigten selbst und die übrigen Personen mit der Zustellung des Beschlusses an den Entmündigten.[8])[9])

[1]) Für die Klage gelten neben den §§. 666—671 die allgemeinen Bestimmungen über das landgerichtliche Verfahren; wegen Ausschlusses der Oeffentlichkeit s. G.V.G. §. 172 (B 2).

Gegen das Urtheil finden die regelmäßigen Rechtsmittel statt. Eine Verlängerung der Frist kann nicht stattfinden und ebenso keine Wiedereinsetzung in den vorigen Stand, da es sich nicht um eine Nothfrist handelt. Ist die Frist versäumt, so kann die Wiederaufhebung der Entmündigung beantragt werden.

Der Lauf der Frist wird durch die Gerichtsferien gehemmt (§. 223 Abs. 1); für ihre Berechnung gilt §. 222.

2) S. unten §. 668.

3) Vgl. §. 646 Note 1.

4) Die Klage steht also allen Antragsberechtigten zu. Für die Klage des Staatsanwalts gilt §. 666 Abs. 2.

5) Vgl. §. 660 Note 2. Der Entmündigte muß auch den Inhalt des Beschlusses begreifen können; so lange dieses nicht der Fall ist, läuft für ihn die Frist noch nicht (streitig).

6) Vgl. §. 661 Abs. 1 und das. Note 1.

7) S. §. 660 Satz 1.

8) S. §. 660 Satz 2. Dies gilt also auch für die Staatsanwaltschaft, jedoch nicht dann, wenn noch kein Vormund vorhanden ist (streitig), weil die Klage nur gegen diesen erhoben werden kann. Vgl. §. 666 Note 2. Es ist zweckmäßig, wenn auch nicht ausdrücklich vorgeschrieben, dem Staatsanwalte von dem Tage der Zustellung an den Entmündigten Kenntniß zu geben, damit er den Beginn der Frist erfährt.

9) Die Klage kann von den übrigen Klagberechtigten auch nach dem Tode des Entmündigten erhoben werden, und die von letzterem erhobene Klage können seine Erben fortsetzen (streitig).

§. 665. Für die Klage ist das Landgericht ausschließlich zuständig, in dessen Bezirke das Amtsgericht, welches über die Entmündigung entschieden hat,1) seinen Sitz hat.

1) Vgl. §§. 648, 650, 651. Im Falle der Ueberweisung kommt es also darauf an, welches Amtsgericht den Entmündigungsbeschluß erlassen hat. Hat das Be-

schwerdegericht diesen Beschluß erlassen, so ist das Gericht erster Instanz maßgebend.

§. 666. Die Klage ist gegen den Staatsanwalt zu richten.[1])

Wird die Klage von dem Staatsanwalt erhoben, so ist sie gegen denjenigen gesetzlichen Vertreter des Entmündigten zu richten, welchem die Sorge für die Person zusteht.[2])

Hat eine der im §. 646 Abs. 1 bezeichneten Personen die Entmündigung beantragt, so ist dieselbe unter Mittheilung der Klage zum Termine zur mündlichen Verhandlung zu laden.[3]) Dieselbe gilt im Falle des Beitritts im Sinne des §. 62 als Streitgenosse der Hauptpartei.[4])

[1]) Der Staatsanwalt bei dem in §. 665 bezeichneten Landgericht erscheint hier als der Vertreter des Amtsgerichts, dessen, zugleich im öffentlichen Interesse erlassener Beschluß zu der Klage Anlaß giebt. Für die Berufungs- und Revisionsinstanz ist der Oberstaatsanwalt bezw. der Oberreichsanwalt zuständig, an diese hat daher auch die Zustellung der Berufungs- bezw. Revisionsschrift zu erfolgen. Für den Staatsanwalt gilt kein Anwaltszwang. Die zum Zwecke der Zustellung seitens der Staatsanwaltschaft erforderliche Beglaubigung erfolgt durch den Sekretär der Staatsanwaltschaft.

[2]) Vgl. §. 646 Note 1. Ist ein solcher Vertreter noch nicht vorhanden, so hat der Staatsanwalt zunächst die Ernennung bei der Vormundschaftsbehörde zu bewirken. Vor der Bestellung des Vertreters kann der Staatsanwalt das Klagerecht nicht verlieren (s. auch §. 664 Note 8).

[3]) Die Ladung des Antragstellers ist Sache des Klä-

gers; die Frist des §. 664 Abs. 1 ist dafür nicht maßgebend. Ist die Ladung unterblieben, so muß die Verhandlung (auch von Amtswegen) vertagt werden.

4) Weil das streitige Rechtsverhältniß nur einheitlich festgestellt werden kann, ist die Streitgenossenschaft eine nothwendige. Es wird daher, wenn ein Termin oder eine Frist von einem der Streitgenossen versäumt wird, der säumige als durch den nicht säumigen vertreten angesehen (§. 62 Abs. 1). Der säumige Streitgenosse ist auch in dem späteren Verfahren zuzuziehen (§. 62 Abs. 2).

§. 667. Mit der die Entmündigung anfechtenden Klage kann eine andere Klage nicht verbunden werden.

Eine Widerklage ist unzulässig.[1])

1) Entsprechende Vorschriften gelten für das Verfahren in Ehe- und Kindschaftssachen und für die Anfechtung einer Todeserklärung (vgl. §§. 615 Abs. 2, 633, 638, 640 Abs. 2, 641 Abs. 3, 975), die ebenfalls von dem Offizialgrundsatze beherrscht werden.

§. 668. Will der Entmündigte die Klage erheben, so ist ihm auf seinen Antrag[1]) von dem Vorsitzenden des Prozeßgerichts[2]) ein Rechtsanwalt als Vertreter beizuordnen.[3])[4])[5])

1) Der Entmündigte kann auch selbst einen Rechtsanwalt bestellen, da er an sich für die Anfechtungsklage prozeßfähig ist (§. 664 Abs. 2); eine vertragsmäßige Erhöhung der Gebühren (G.O. f. R.A. §. 93 Abs. 1) ist aber nur wirksam, wenn die Entmündigung wieder aufgehoben wird (B.G.B. §. 115 Abs. 1 Satz 1).

2) d. h. der Kammer oder des Senats, vor welchem der Prozeß anhängig werden soll (vgl. §. 57 Abs. 1). Der Antrag kann nicht (wie bei §. 679 Abs. 3) abgelehnt werden.

3) Vgl. auch Rechtsanwaltsordnung §. 36. §. 38 das. trifft hier nicht zu. Der beigeordnete Anwalt hat die Stellung eines gesetzlichen Vertreters und bedarf daher keiner Vollmacht [streitig; A. M. auch Entsch. d. R.G. Bd. 35 S. 351, s. andererseits das. 21 S. 370 und G.K.G. §. 47 Nr. 9].*)

Für die Berufungsinstanz ist die Beiordnung eines Vertreters gemäß §. 668 unzulässig, doch kann der für die Klage ernannte Vertreter einen Prozeßbevollmächtigten für die höhere Instanz bestellen.

4) Der Anwalt hat dem Entmündigten gegenüber, wenn diesem nicht das Armenrecht bewilligt ist, Anspruch auf die gesetzlichen Gebühren, doch ist eine vertragsmäßige Erhöhung ausgeschlossen. S. auch unten B 3b.

5) Die Beiordnung ist gebührenfrei (G.K.G. §. 47 Nr. 9; vgl. jedoch auch G.O. f. R.A. §§. 23 Nr. 1, 29 Nr. 6).

§. 669. Bei der mündlichen Verhandlung haben die Parteien die Ergebnisse der bei dem Amtsgerichte stattgehabten Sachuntersuchung,1) soweit es zur Prüfung der Richtigkeit des angefochtenen Beschlusses erforderlich ist, vollständig vorzutragen.

Im Falle der Unrichtigkeit oder Unvollständigkeit des Vortrags hat der Vorsitzende dessen Berichtigung oder Vervollständigung, nöthigenfalls unter Wiedereröffnung der Verhandlung, zu veranlassen.2)

1) Vgl. §. 653. Die Ergebnisse des amtsgerichtlichen Verfahrens bilden die Grundlage des Prozeßverfahrens; daneben sind nach §. 670 neue Thatsachen und Beweismittel unbeschränkt zulässig.

2) Vgl. §. 526 Abs. 2.

---

*) S. unten B 3a (G.K.G. §. 47 Note 3).

§. 670. Die Vorschriften des §. 617 Abs. 1, 3 und der §§. 618, 622 finden entsprechende Anwendung.[1][2])

Der Parteieid ist ausgeschlossen.[3])

[1]) Die hier angezogenen Vorschriften lauten:

§. 617. Die Vorschrift über die Wirkung eines Anerkenntnisses kommt nicht zur Anwendung.

Die Vorschriften über die Folgen der unterbliebenen oder verweigerten Erklärung über Thatsachen oder über die Echtheit von Urkunden, die Vorschriften über den Verzicht der Parteien auf die Beeidigung von Zeugen und Sachverständigen, die Vorschriften über die Wirkung eines gerichtlichen Geständnisses und der Erlassung eines Eides sowie die Vorschriften über die Eideszuschiebung und den Antrag, dem Gegner die Vorlegung einer Urkunde aufzugeben, finden keine Anwendung in Ansehung solcher Thatsachen, welche die Scheidung oder die Anfechtung der Ehe oder das Recht, die Herstellung des ehelichen Lebens zu verweigern, begründen sollen.

In einem Rechtsstreite, welcher die Nichtigkeit der Ehe oder die Feststellung des Bestehens oder Nichtbestehens einer Ehe zwischen den Parteien zum Gegenstande hat, finden die im Abs. 2 bezeichneten Vorschriften sowohl in Ansehung solcher Thatsachen, welche die Nichtigkeit oder das Nichtbestehen der Ehe, als auch in Ansehung solcher Thatsachen keine Anwendung, welche die Gültigkeit oder das Bestehen der Ehe begründen sollen.

§. 618. Die Vorschrift des §. 261 Abs. 2 kommt nicht zur Anwendung.

Erscheint der Beklagte in dem auf die Klage zur mündlichen Verhandlung anberaumten Termine nicht, so kann erst in einem neuen, auf Antrag des Klägers zu bestimmenden Termine verhandelt werden.

Der Beklagte ist zu jedem Termine, welcher nicht in seiner Gegenwart anberaumt wurde, zu laden.

Die Vorschriften der Abs. 2, 3 finden keine Anwendung, wenn

der Beklagte durch öffentliche Zustellung geladen, aber nicht erschienen ist.

Ein Versäumnißurtheil gegen den Beklagten ist unzulässig.

Die Vorschriften der Abs. 2—5 finden auf den Widerbeklagten entsprechende Anwendung.

§. 622. Zum Zwecke der Aufrechterhaltung der Ehe kann das Gericht Thatsachen, welche von den Parteien nicht vorgebracht sind, berücksichtigen und die Aufnahme von Beweisen von Amtswegen anordnen. Vor der Entscheidung sind die Parteien zu hören.

Diese Vorschriften finden in einem Rechtsstreite, welcher die Nichtigkeit der Ehe oder die Feststellung des Bestehens oder Nichtbestehens einer Ehe zwischen den Parteien zum Gegenstande hat, auch zum Zwecke der Ermittelung, ob die Ehe nichtig ist oder nicht besteht, Anwendung.

§. 261 (Abs. 2). Der Termin soll nur so weit hinausgerückt werden, als es zur Wahrung der Einlassungsfrist geboten erscheint.

Die Vorschriften in §§. 617 Abs. 1, 618 Abs. 1—5 finden unmittelbare Anwendung, die §§. 617 Abs. 3, 622 insoweit, daß sie für die Feststellung des Geisteszustandes gelten. Anträge auf Vorlegung von Urkunden (§. 617 Abs. 2) sind ausgeschlossen. Aus §. 618 Abs. 5 folgt, daß beim Ausbleiben des Klägers Versäumnißurtheil nach §. 330 ergeht. §. 618 Abs. 6 ist nicht anwendbar (§. 667 Abs. 2). §. 622 ist eine weitere Folge des auch für das amtsgerichtliche Verfahren geltenden Offizialgrundsatzes.

Selbstverständlich sind auch die Parteien im Vorbringen neuer Thatsachen und Beweismittel unbeschränkt.

[2]) Im landgerichtlichen Verfahren ist von der Ausübung des Richteramtes weder der Entmündigungsrichter, noch ein Richter, der in der Beschwerdeinstanz mitgewirkt hat, ausgeschlossen, doch kann eine Ablehnung wegen Besorgniß der Befangenheit nach §. 42 C.P.O. erfolgen.

[3]) Auch der richterliche Eid (§. 475) gehört hierher (anders im Falle des §. 617).

§. 671. Die Bestimmungen der §§. 654, 655 finden in dem Verfahren über die Anfechtungsklage entsprechende Anwendung.[1])

Von der Vernehmung Sachverständiger darf das Gericht Abstand nehmen, wenn es das vor dem Amtsgericht abgegebene Gutachten für genügend erachtet.[2])[3])

[1]) Die Vernehmung des zu Entmündigenden ist regelmäßig nothwendig, und zwar unter Zuziehung eines oder mehrerer Sachverständiger, falls nicht §. 654 Abs. 3 zutrifft (s. das. Note 4). Sie kann auch durch einen beauftragten Richter erfolgen.

[2]) Abs. 2 macht unter Umständen eine Wiederholung der in §. 655 vorgeschriebenen Begutachtung entbehrlich, nicht aber die Zuziehung von Sachverständigen gemäß §. 654 Abs. 1. Vgl. noch §. 654 Note 1.

[3]) Daß ein Sachverständiger im amtsgerichtlichen Verfahren mitgewirkt hat, ist kein Ablehnungsgrund im Sinne des §. 406.

§. 672. Wird die Anfechtungsklage für begründet erachtet, so ist der die Entmündigung aussprechende Beschluß aufzuheben.[1]) Die Aufhebung tritt erst mit der Rechtskraft des Urtheils in Wirksamkeit.[2]) Auf Antrag können jedoch zum Schutze der Person oder des Vermögens des Entmündigten einstweilige Verfügungen nach Maßgabe der §§. 936—944 getroffen werden.[3])

[1]) Wegen der Wirksamkeit dieses Beschlusses vgl. §. 661.

[2]) Satz 2 entspricht der Regel des §. 704 über die Vollstreckbarkeit der Urtheile; vorläufige Vollstreckbarkeit ist ausgeschlossen.

3) Diese Vorschrift giebt einen geeigneten Ersatz für die vorläufige Vollstreckbarkeit. Insbesondere kann die Entlassung des Entmündigten aus der Anstalt verfügt und die Vertretungsbefugniß des Vormundes eingeschränkt werden.

§. 673. Unterliegt der Staatsanwalt, so ist die Staatskasse zur Erstattung der dem obsiegenden Gegner erwachsenen Kosten in Gemäßheit der Bestimmungen des fünften Titels des zweiten Abschnitts des ersten Buchs zu verurtheilen.[1])

Ist die Klage von dem Staatsanwalt erhoben, so hat die Staatskasse in allen Fällen die Kosten des Rechtsstreits zu tragen.[2])[3])

1) §§. 91 ff. — Es macht keinen Unterschied, ob der Staatsanwalt Kläger oder Beklagter war. Vgl. §§. 637, 975.

2) Vgl. §. 666 Abs. 2. In diesem Falle wäre es unbillig, die Kosten dem Gegner aufzubürden. Die Staatskasse hat nach §. 91 auch die Kosten des Gegners zu tragen.

3) Beim Obsiegen des verklagten Staatsanwalts und bei erfolglosen Rechtsmitteln des Vertreters des Entmündigten gelten die gewöhnlichen Vorschriften (§§. 91, 97).

§. 674. Das Prozeßgericht[1]) hat der Vormundschaftsbehörde und dem Amtsgerichte von jedem in der Sache erlassenen Endurtheile[2]) Mittheilung[3]) zu machen.

1) Auch das Berufungs- und Revisionsgericht.

2) Auch wenn die Entmündigung aufgehoben wird.

3) Förmliche Zustellung ist nicht erforderlich.

§. 675. Die Wiederaufhebung der Entmündigung[1]) erfolgt auf Antrag[2]) des Entmündigten oder desjenigen gesetzlichen Vertreters des Entmündigten, welchem die Sorge für die Person zusteht,[3]) oder des Staatsanwalts[4]) durch Beschluß des Amtsgerichts.

[1]) Die Wiederaufhebung im Sinne des §. 675 ist von der Aufhebung in Folge der Anfechtungsklage (§. 672) wesentlich verschieden, indem die Anfechtungsklage sich darauf stützt, daß die Entmündigung selbst ungerechtfertigt ist, während durch den hier vorgesehenen Antrag geltend gemacht wird, daß kein Grund mehr für den Fortbestand der Entmündigung vorliegt. Der praktische Unterschied zeigt sich in der Vorschrift des B.G.B. §. 115 Abs. 1,*) während der Wiederaufhebungsbeschluß keine rückwirkende Kraft hat (vgl. §. 678 Note 3).

[2]) Der Antrag ist weder an eine Frist gebunden, noch während der Zeit, in der die Frist zur Anfechtungsklage läuft, unzulässig.

[3]) S. §. 646 Note 1. In der Regel der Vormund.

[4]) Der Staatsanwalt ist zur Stellung des Antrags, wenn er die Voraussetzungen für gegeben erachtet, verpflichtet (vgl. B.G.B. §. 6 Abs. 2 und das. Note 6). Die übrigen zum Entmündigungsantrage nach §. 646 Berechtigten haben hier kein Antragsrecht.

§. 676. Für die Wiederaufhebung der Entmündigung ist das Amtsgericht ausschließlich zuständig, bei welchem der Entmündigte seinen allgemeinen Gerichtsstand hat.[1])

Ist der Entmündigte ein Deutscher und hat er

---

*) S. unten bei D I 1.

im Inlande keinen allgemeinen Gerichtsstand,[2]) so kann der Antrag bei dem Amtsgerichte gestellt werden, welches über die Entmündigung entschieden hat.[3]) Das Gleiche gilt, wenn ein Ausländer, welcher im Inland entmündigt worden ist, im Inlande keinen allgemeinen Gerichtsstand hat.[4])

Die Bestimmungen des §. 647 und der §§. 649 bis 655 finden entsprechende Anwendung.[5])

[1]) Vgl. §§. 13—16, 648 Abs. 1. Dieser Gerichtsstand ist auch für die Wiederaufhebung einer im Ausland erfolgten Entmündigung eines Inländers begründet (vgl. oben bei A 2 E.G.z.B.G.B. Art. 8 Note 4).

[2]) Dies ist der Fall, wenn ein Deutscher seinen Wohnsitz nur im Auslande hat, da §. 16 überhaupt den Mangel eines Wohnsitzes voraussetzt.

[3]) Vgl. §. 665 Note 1.

[4]) Vgl. E.G.z.B.G.B. Art. 8 Note 3.

[5]) Es tritt wiederum ein Offizialverfahren ein. Die entsprechende Anwendung des §. 655 besteht darin, daß die Wiederaufhebung nicht ohne zuvorige Anhörung eines Sachverständigen erfolgen darf; wohl aber können offensichtlich unbegründete Anträge auch ohne solche Anhörung zurückgewiesen werden.

Vgl. auch Preuß. J.M.Verfg. v. 28. Nov. 1899 §. 19.

§. 677. Die Kosten des Verfahrens sind von dem Entmündigten, wenn das Verfahren von dem Staatsanwalt ohne Erfolg beantragt ist, von der Staatskasse zu tragen.[1])

[1]) Vgl. §. 658 Abs. 1 und das. Note 1 und 4.

§. 678. Der über die Wiederaufhebung der Entmündigung zu erlassende Beschluß ist dem Antragsteller und im Falle der Wiederaufhebung dem Entmündigten sowie dem Staatsanwalte von Amtswegen zuzustellen.[1])

Gegen den Beschluß, durch welchen die Entmündigung aufgehoben wird, steht dem Staatsanwalte die sofortige Beschwerde zu.[2])

Die rechtskräftig erfolgte Wiederaufhebung ist der Vormundschaftsbehörde mitzutheilen.[3])

[1]) Es ist also keine Zustellung an den gesetzlichen Vertreter erforderlich, wenn er nicht selbst den Antrag gestellt hat; ablehnende Beschlüsse sind weder dem Staatsanwalte noch dem Entmündigten zuzustellen.

[2]) §. 577. Die übrigen im §. 646 bezeichneten Personen haben kein Beschwerderecht, der Staatsanwalt dagegen selbst dann, wenn er selber die Aufhebung beantragt hatte. Nach §. 572 Abs. 1 hat die Beschwerde (ausnahmsweise) hier aufschiebende Wirkung.

[3]) Der Wiederaufhebungsbeschluß tritt (abweichend vom Entmündigungsbeschlusse — §. 661) erst mit der Rechtskraft in Wirksamkeit, d. h. wenn die Beschwerdefrist (§. 577 Abs. 1) unbenutzt verstrichen oder das Beschwerdeverfahren erledigt ist. Vgl. §. 675 Note 1.

§. 679. Wird der Antrag auf Wiederaufhebung von dem Amtsgericht abgelehnt, so kann dieselbe im Wege der Klage beantragt werden.[1])

Zur Erhebung der Klage ist derjenige gesetzliche Vertreter des Entmündigten, welchem die Sorge für die Person zusteht, und der Staatsanwalt befugt.[2])

Will der gesetzliche Vertreter die Klage nicht erheben, so kann der Vorsitzende des Prozeßgerichts dem Entmündigten einen Rechtsanwalt als Vertreter beiordnen.[3])

Auf das Verfahren finden die Vorschriften der §§. 665 bis 667, 669 bis 674 entsprechende Anwendung.

[1]) Die Wiederaufhebungsklage entspricht, abgesehen davon, daß sie an keine Frist gebunden ist, der Anfechtungsklage des §. 664 (s. jedoch §. 675 Note 1). Statt der Klage findet gegen den Ablehnungsbeschluß (einfache) Beschwerde (§. 567) nur dann statt, wenn die Ablehnung lediglich aus formellen Gründen, z. B. wegen Unzuständigkeit, erfolgt ist.

[2]) Der Entmündigte selbst kann, abweichend von §. 664 Abs. 2, weder klagen, noch einen Anwalt bestellen.

[3]) Abs. 3 weicht von §. 668 (s. das. Note 2) dadurch ab, daß die Beiordnung des Vertreters in das Ermessen des Vorsitzenden gestellt ist. Gegen die Versagung findet Beschwerde nach §. 567 statt. Der beigeordnete Anwalt hat die Stellung eines gesetzlichen Vertreters und bedarf keiner Vollmacht des Entmündigten. Für die höhere Instanz findet die Beiordnung eines Vertreters nicht mehr statt (vgl. §. 668 Note 3 a. E.).

[4]) Wegen der Gebühren und Kosten s. §. 668 Note 4 und 5.

§. 680. Die Entmündigung wegen Verschwendung[1]) oder wegen Trunksucht[2]) erfolgt durch Beschluß des Amtsgerichts.

Der Beschluß wird nur auf Antrag erlassen.[3])

Auf das Verfahren finden die Vorschriften des §. 646 Abs. 1 und der §§. 647, 648, 653, 657, 663 entsprechende Anwendung.[4])

Eine Mitwirkung der Staatsanwaltschaft findet nicht statt.[5])

Die landesgesetzlichen Vorschriften, nach welchen eine Gemeinde oder ein der Gemeinde gleichstehender Verband oder ein Armenverband berechtigt ist, die Entmündigung wegen Verschwendung oder wegen Trunksucht zu beantragen, bleiben unberührt.[6])

[1]) S. oben B.G.B. §. 6 Note 4 (A 1).

[2]) S. das. Note 5.

[3]) Wird die Entmündigung gleichzeitig wegen Geisteskrankheit (oder Geistesschwäche) und wegen Verschwendung (oder Trunksucht) beantragt, so gilt letzterer Antrag nur in zweiter Linie. Wird der Antrag zugleich auf Verschwendung und Trunksucht gestützt, so ergiebt sich aus §. 681, daß ersterer Grund der erheblichere ist.

[4]) §. 654 ist nicht mitangeführt, doch wird die Vernehmung des zu Entmündigenden die Regel bilden. Die Anführung der Vorschrift des §. 657 ist neu und von besonderer Wichtigkeit.

[5]) Vgl. jedoch §§. 684 Abs. 3, 686 Abs. 3. Der Staatsanwalt hat auch kein Antragsrecht. Im Falle des §. 646 Abs. 1 Satz 2 ist daher neben dem gesetzlichen Vertreter nur der Ehegatte antragsberechtigt.

[6]) Vgl. oben B.G.B. §. 6 Note 4. Für Preußen bestimmt §. 8 des A.G.z.C.P.O. in der Fassung vom 6. Oktober 1899 (G.S. S. 388):

„Die Entmündigung wegen Verschwendung oder wegen Trunksucht kann auch von dem Armenverbande beantragt werden, dem die Fürsorge für den zu Entmündigenden im Falle der Hülfsbedürftigkeit obliegen würde."

Nach der Begr. hierzu (S. 11 f.) ist diese, dem bisherigen Rechte fremde Vorschrift sowohl im Interesse der Armenverbände, als auch im Interesse des zu Entmündigenden selbst getroffen. Unter Armenverband ist sowohl der Ortsarmenverband als auch der Landarmenverband zu verstehen. Auf eine geeignete Anwendung der Antragsberechtigung soll im Wege der Dienstanweisung hingewirkt werden. Vgl. Verf. d. Minist. d. Innern vom 16. Nov. 1899 (Min.Bl. f. d. innere Verwaltung S. 227).

§ 681. Ist die Entmündigung wegen Trunksucht beantragt, so kann das Gericht[1]) die Beschlußfassung[2]) über die Entmündigung aussetzen,[3]) wenn Aussicht besteht, daß der zu Entmündigende sich bessern werde.[4])

[1]) Auch ohne Antrag.

[2]) In Wirklichkeit wird das ganze Verfahren ausgesetzt, da nach Ablauf der vom Gerichte zu bestimmenden Frist zunächst zu untersuchen ist, ob sich der zu Entmündigende gebessert hat. Ist dies der Fall, so fallen die Kosten des Verfahrens dem Antragsteller zur Last (vgl. §. 682 Note 1).

[3]) Die Dauer der Aussetzung ist gesetzlich nicht bestimmt; die Frist muß dem Zwecke entsprechen, die Ueberzeugung von der Besserung des Trunksüchtigen zu gewinnen. Wiederholte Aussetzung ist nicht ausgeschlossen.

[4]) Dieses ist namentlich der Fall, wenn der zu Entmündigende sich freiwillig den zu seiner Besserung und Heilung erforderlichen Maßnahmen unterzieht, z. B. sich in eine Heilanstalt begiebt. §. 681 ist dem §. 621 nachgebildet.

[5]) Der Beschluß ist, entsprechend dem §. 683 Abs. 1, zuzustellen. Der Antragsteller hat Beschwerde nach §. 252 (streitig); die Beschwerde kann aber auch dem zu Entmündigenden nicht versagt werden (streitig, besonders im Falle der Aussetzung; der Entmündigte kann aber ein großes Interesse an der baldigen Erledigung des Verfahrens und an der Beendigung der vorläufigen Vormundschaft haben).

§. 682. Die Kosten des amtsgerichtlichen Verfahrens sind, wenn die Entmündigung erfolgt, von dem Entmündigten, anderenfalls von dem Antragsteller[1]) zu tragen.[2])

[1]) Anders als in §. 658 Abs. 1. Den Antragsteller treffen die Kosten auch dann, wenn sich im Falle der Trunksucht der zu Entmündigende erst nach Aussetzung des Verfahrens (§. 681) bessert; eine dem §. 93 ähnliche Vorschrift würde in diesem Falle der Billigkeit mehr entsprechen.

[2]) Wegen der Kosten s. unten bei B 3. Vgl. auch §. 658 Note 1 a. E.

§. 683. Der über die Entmündigung zu erlassende Beschluß ist dem Antragsteller und dem zu Entmündigenden von Amtswegen zuzustellen.[1])

Der die Entmündigung aussprechende Beschluß tritt mit der Zustellung an den Entmündigten in Wirksamkeit.[2]) Der Vormundschaftsbehörde ist ein solcher Beschluß von Amtswegen mitzutheilen.[3])

[1]) Zustellung an den gesetzlichen Vertreter (bezw. an den vorläufigen Vormund) ist daneben nicht erforderlich; die Zustellung erfolgt an den Entmündigten selbst, nicht an den von ihm etwa bestellten Bevollmächtigten, da §. 176 nicht zutrifft. Wegen der Zustellung von Amtswegen s. §§. 208—212.

[2]) Uebereinstimmend mit §. 661 Abs. 2; es braucht also der Eintritt der Rechtskraft (§. 684) nicht abgewartet zu werden. Mit dieser Zustellung beginnt die Frist für die Anfechtungsklage (§. 684 Abs. 2). Auch für Dritte tritt die Wirksamkeit mit diesem Zeitpunkt ein (nicht mit der in §. 687 vorgeschriebenen Bekanntmachung).

[3]) Vgl. §. 660 Note 1.

§. 684. Der die Entmündigung aussprechende Beschluß kann binnen der Frist eines Monats von dem Entmündigten im Wege der Klage angefochten werden.[1])

Die Frist beginnt mit der Zustellung des Beschlusses an den Entmündigten.[2])

Die Klage ist gegen denjenigen, welcher die Entmündigung beantragt hatte, falls aber dieser verstorben oder sein Aufenthalt unbekannt oder im Auslande ist, gegen den Staatsanwalt zu richten.[3])

Auf das Verfahren finden die Vorschriften der §§. 665, 667, 669, 670, 672 bis 674 entsprechende Anwendung.[4])

[1]) Vgl. §. 664 Abs. 1 und das. Note 1. Die Klage steht ausschließlich dem insoweit prozeßfähigen Entmündigten zu. §. 668 ist nicht anwendbar (wohl aber §. 33 der Rechtsanwaltsordnung), desgleichen nicht §. 671 (s. Abs. 4). Die anhängige Klage kann von den Erben des Entmündigten fortgesetzt werden (streitig; vgl. §. 664 Note 9).

[2]) Vgl. §§. 664 Abs. 3 und 683 Note 2.

[3]) Vgl. §§. 686 Abs. 3, 974 Abs. 2. Während sonst eine Mitwirkung der Staatsanwaltschaft nicht stattfindet (§. 680 Abs. 4), wird hierdurch die Anfechtungsklage erleichtert. Stirbt der Antragsteller im Laufe des Prozesses, so ist dieser gegen den Staatsanwalt nach §. 239 aufzunehmen. Als Ausland gelten auch die deutschen Schutzgebiete.

[4]) Vgl. Note 1 und wegen der Gebühren unten B 3. Wenn dem Beklagten die Kosten auferlegt werden, so sind dem Entmündigten auch die im amtsgerichtlichen Verfahren erwachsenen Kosten zu erstatten.

§. 685. Die Wiederaufhebung der Entmündigung[1]) erfolgt auf Antrag des Entmündigten oder desjenigen gesetzlichen Vertreters des Entmündigten, welchem die Sorge für die Person zusteht,[2]) durch Beschluß des Amtsgerichts unter entsprechender Anwendung der §§. 647, 653, des §. 676 Abs. 1, 2,[3]) des §. 677 und des §. 678 Abs. 1, 3.[4])[5])

[1]) Vgl. §. 675 Note 1 und 2.

[2]) S. §. 646 Note 1; in der Regel der Vormund.

[3]) §. 676 Abs. 3 ist nicht mitangeführt, weil die Vernehmung des Entmündigten nicht erforderlich ist (§. 680 Note 4).

[4]) Eine Anfechtung des Beschlusses findet nicht statt; er tritt daher sofort in Wirksamkeit. Ein erneuter Antrag wegen Rückfalles in den früheren Zustand ist selbstverständlich nicht ausgeschlossen.

[5]) Wegen der Gebühren s. unten B 3.

§. 686. Wird der Antrag auf Wiederaufhebung von dem Amtsgericht abgelehnt, so kann dieselbe im Wege der Klage beantragt werden.[1])

Zur Erhebung der Klage ist derjenige gesetzliche Vertreter des Entmündigten befugt, welchem die Sorge für die Person zusteht.[2]) Will dieser die Klage nicht erheben, so kann der Vorsitzende des Prozeßgerichts dem Entmündigten einen Rechtsanwalt als Vertreter beiordnen.[3])

Die Klage ist gegen denjenigen, welcher die Entmündigung beantragt hatte, falls aber dieser verstorben, oder sein Aufenthalt unbekannt oder im Auslande ist, gegen den Staatsanwalt zu richten.[4])

Auf das Verfahren finden die Vorschriften der §§. 665, 667, 669, 670, 672 bis 674 entsprechende Anwendung.[5][6]

1) Abs. 1 entspricht dem §. 679 Abs. 1 (s. auch das. Note 1).

2) Vgl. §. 646 Note 1.

3) Vgl. §. 679 Note 3.

4) Vgl. §. 684 Abs. 3 und das. Note 3.

5) Uebereinstimmend mit §. 683 Abs. 4.

6) Wegen der Gebühren s. unten B 3.

§. 687. Die Entmündigung einer Person wegen Verschwendung oder wegen Trunksucht, sowie die Wiederaufhebung einer solchen Entmündigung[1]) ist von dem Amtsgericht öffentlich bekannt zu machen.[2])

1) Auch wenn sie nach §§. 684, 686 durch Urtheil erfolgt. Die Feststellung der Rechtskraft des Urtheils ist Sache des nach §. 676 zuständigen Amtsgerichts.

2) Die Art der Bekanntmachung steht, soweit nicht landesgesetzliche Vorschriften bestehen, im Ermessen des Gerichts. Für Preußen vgl. A.G.O. I 38 §. 34:

„Die Bekanntmachung der ergangenen Prodigalitätserklärung geschieht durch öffentlichen Aushang sowohl an ordentlicher Gerichtsstelle, als an dem Orte, wo der Provokat seinen eigentlichen Wohnsitz hat, oder statt dessen bei einem anderen Gerichte, dessen Auswahl dem Richter nach Bewandtniß der Umstände, der Art des von dem Provokaten bisher getriebenen Verkehrs oder der Gegend, wohin er bisher seinen gewöhnlichen Ab- und Zugang gehabt hat, überlassen bleibt.

Auch muß die Prodigalitätserklärung durch dreimalige Einrückung in die Zeitungen und Intelligenzblätter der Provinz dem Publiko bekannt gemacht werden. Ist der Provokat ein Kaufmann, so wird außerdem die Prodigalitätserklärung auf der Börse bekannt gemacht,*) und der Kurator muß angewiesen werden, die auswärtigen Handelskorrespondenten davon zu benachrichtigen."

*) Vgl. auch Börsengesetz vom 22. Juni 1896 (R.G.Bl. S. 157) §. 7 Abs. 1 Nr. 3. „Vom Börsenbesuche sind ausgeschlossen:

Diese Vorschrift wird auch bei Entmündigung wegen Trunksucht entsprechend anzuwenden sein.

2. Gerichtsverfassungsgesetz. 14. Titel. (Oeffentlichkeit und Sitzungspolizei.)

[In der Fassung vom 20. Mai 1898 (R.G.Bl. S. 371).]

§. 172. In dem auf die Klage wegen Anfechtung oder Wiederaufhebung der Entmündigung einer Person wegen Geisteskrankheit oder wegen Geistesschwäche [1]) eingeleiteten Verfahren (§§. 664, 679 der Civilprozeßordnung) ist die Oeffentlichkeit während der Vernehmung des Entmündigten auszuschließen, [2]) auch kann auf Antrag einer der Parteien die Oeffentlichkeit der Verhandlung überhaupt ausgeschlossen werden. [3])

Das Verfahren wegen Entmündigung oder Wiederaufhebung der Entmündigung (§§. 645 bis 663, 675 bis 678 der Civilprozeßordnung) ist nicht öffentlich. [4])

[1]) Hierauf ist die bisherige Vorschrift wegen B.G.B. §. 6 Nr. 1 (s. das. Note 2) durch die Nov. vom 17. Mai 1898 ausgedehnt worden.

[2]) Insoweit ist also mit Rücksicht auf die Interessen der Entmündigten und ihrer Familien die Oeffentlichkeit unbedingt ausgeschlossen (vgl. C.P.O. §§. 654, 671

---

3. Personen, welche in Folge gerichtlicher Anordnung in der Verfügung über ihr Vermögen beschränkt sind." (Abs. 2.) „Die Zulassung oder Wiederzulassung zum Börsenbesuche kann unter den Fällen zu 2 und 3 nicht vor der Beseitigung des Ausschließungsgrundes — — erfolgen."

Abs. 1, 679 Abs. 4). Die Verletzung der Vorschrift ist nach §. 551 Nr. 6 C.P.O. stets ein Revisionsgrund. In der Berufungsinstanz kann nach §. 539 aus diesem Grunde die Zurückverweisung der Sache an das Gericht erster Instanz erfolgen.

³) Es entscheidet das Ermessen des Gerichts („kann"). Daneben gelten auch die §§. 173—176 G.V.G.; insbesondere erfolgt nach §. 174 Abs. 1 das. die Verkündung des Urtheils in jedem Falle öffentlich.

⁴) Abs. 2 bezieht sich nach seinem Wortlaut und nach den Verhandlungen der R.T.Kommission von 1875 nur auf die Entmündigung wegen Geisteskrankheit und Geistesschwäche (streitig). Uebrigens ist die Verletzung der Vorschrift für die Gültigkeit der amtsgerichtlichen Beschlüsse nicht wesentlich, und auch bei der Entmündigung wegen Verschwendung und Trunksucht wird der Amtsrichter von selbst aus der durch die Natur der Sache gebotenen Rücksicht die Oeffentlichkeit ausschließen. Von praktischer Bedeutung ist die Streitfrage nur für §. 176 Abs. 3 G.V.G. (betr. die Anwesenheit der die Dienstaufsicht führenden Beamten der Justizverwaltung).

3. Die Kostenvorschriften.*)

a) Gerichtskostengesetz. II. Abschnitt.

(Gebühren in bürgerlichen Rechtsstreitigkeiten.) [In der Fassung vom 20. Mai 1898 (R.G.Bl. S. 369).] §§. 20 Nr. 1, 34 Nr. 1, 47 Nr. 3, 9.**)

---

*) Für die Kostenpflicht gelten neben den allgemeinen Grundsätzen die besonderen Vorschriften der §§. 658, 673, 677, 679 Abs. 4, 682, 684 Abs. 4, 685, 686 Abs. 4 C.P.O. S. oben (B 1) §§. 658 Note 1—4, 673 Note 1—3, 677 Note 1, 679 Note 4, 684 Note 4. Wegen des Armenrechtes für den zu Entmündigenden vgl. oben C.P.O. §. 658 Note 4. Wegen der Behandlung der der Staatskasse zur Last fallenden Kosten s. das. Note 1.

**) Im Uebrigen gelten die allgemeinen Vorschriften.

§. 20. Die Verhandlungsgebühr [1]) kommt auch zur Erhebung:

1. für eine nicht kontradiktorische mündliche Verhandlung in Ehesachen, in Rechtsstreitigkeiten, welche die Feststellung des Rechtsverhältnisses zwischen Eltern und Kindern zum Gegenstande haben, in den vor die Landgerichte gehörigen Entmündigungssachen [2]) und in dem Verfahren über die gegen eine Todeserklärung erhobene Anfechtungsklage, sofern der Kläger verhandelt. [3])

[1]) Vgl. G.K.G. §. 18 Nr. 1; also die volle Gebühr. Der Werth des Streitgegenstandes ist nach §. 10 Abs. 1 regelmäßig auf 2000 Mk., ausnahmsweise niedriger oder höher, jedoch nicht unter 200 Mk. und nicht über 50 000 Mk. (unter Berücksichtigung des Vermögens des Entmündigten) anzunehmen. (Ebenso Preuß. G.K.G. §. 23.)

[2]) S. C.P.O. §§. 664, 679, 684, 686. Für die Beschwerdeinstanz gilt G.K.G. §. 45.

[3]) Gegen den Beklagten ist ein Versäumnißurtheil ausgeschlossen [C.P.O. §§. 618 Abs. 5, 670 Abs. 1, 679 Abs. 4, 684 Abs. 4, 686 Abs. 4. Vgl. auch G.O. f. R.A. §. 16 Abs. 1 Satz 2 (unten B 3b)]; verhandelt dagegen der Kläger nicht, so treten die gewöhnlichen Versäumnißfolgen des §. 330 C.P.O. ein (s. oben C.P.O. §. 670 Note 1 a. E.), und eine Verhandlungsgebühr wird nicht erhoben (s. aber G.O. f. R.A. §. 16 Abs. 1 Satz 1).

§. 34. Drei Zehntheile der Gebühr (§. 8) werden erhoben für die Entscheidung einschließlich des Verfahrens:

1. über Anträge auf Entmündigung oder Wiederaufhebung einer Entmündigung, soweit die

Amtsgerichte zuständig sind (Civilprozeßordnung §§. 645 bis 662, 675 bis 678, 680 bis 683, 685).[1] [2])

[1]) Der Entmündigungsgrund macht an sich keinen Unterschied für die Kosten. Bei der Entmündigung wegen Geisteskrankheit und Geistesschwäche entstehen aber nothwendig Mehrkosten wegen der nach C.P.O. §. 655 unerläßlichen Sachverständigenvernehmung (vgl. G.K.G. §. 79 Nr. 4 und oben C.P.O. §. 654 Note 1).

[2]) Eine Beweisgebühr wird daneben nicht erhoben (s. aber unten G.O. f. R.A. §. 23 Note 1).

§. 47. Gebühren werden nicht erhoben[1]) für die Verhandlung und Entscheidung:

8. über die Zuständigkeit des obersten Landesgerichts (§. 7 des Einführungsgesetzes zur Civilprozeßordnung) oder der Kammer für Handelssachen (Gerichtsverfassungsgesetz §§. 103 bis 106), über die Bestimmung des zuständigen Gerichts (Civilprozeßordnung §. 36), die Uebernahme eines Entmündigungsverfahrens (Civilprozeßordnung §. 650 Abs. 3, §. 651 Abs. 2),[2]) die Bestimmung eines Gerichtsvollziehers (Civilprozeßordnung §. 827 Abs. 1, §. 854 Abs. 1) oder eines Sequesters (Civilprozeßordnung §§. 848, 855);

9. über die Bestellung eines Vertreters für eine nicht prozeßfähige oder unbekannte Partei, für ein von dem Eigenthümer aufgegebenes Grundstück oder für einen Erben, der die Erbschaft noch nicht angenommen hat (Civilprozeßordnung §§. 57, 58, 494, 668, 679, 686,[3]) 779, 787).

[1]) S. jedoch G.O. f. R.A. §§. 23 Nr. 1, 29 Nr. 6.

[2]) Vgl. oben §. 650 Note 2.

[3]) Vgl. oben §§. 668 Note 5, 679 Note 3, 4. Die Anführung des §. 668 läßt sich gegen die Ansicht des Reichsgerichts (Entsch. Bd. 35 S. 351) verwerthen, daß der hiernach beigeordnete Rechtsanwalt nicht Vertreter einer prozeßunfähigen Partei sei (vgl. oben §. 668 Note 3).

b) Gebührenordnung für Rechtsanwälte. II. Abschnitt. (Gebühren in bürgerlichen Rechtsstreitigkeiten.) [In der Fassung vom 20. Mai 1898 R.G.Bl. S. 692).] §§. 16 Abs. 1, 23 Nr. 1, 29 Nr. 6.*)

§. 16 (Abs. 1). Für eine nicht kontradiktorische Verhandlung (Gerichtskostengesetz §. 19) steht dem

---

*) In Entmündigungssachen ist die Zuziehung eines Rechtsanwalts nach C.P.O. §. 78 geboten für die in den §§. 664, 679, 684, 686 vorgesehenen Klagen, außer für den Staatsanwalt, der dem Anwaltszwange nicht unterliegt (s. oben C.P.O. §. 666 Note 1). Hierbei gelten, abgesehen von §. 16 Abs. 1 Satz 2, die gewöhnlichen Vorschriften der Gebührenordnung (s. jedoch auch C.P.O. §. 668 Note 1). Im Falle des §. 668 ist dem Entmündigten ein Rechtsanwalt als Vertreter beizuordnen, in den Fällen der §§. 679 Abs. 3, 686 Abs. 2 kann dieses geschehen (vgl. hierüber oben C.P.O. §§. 668 Note 3, 4, 679 Note 3). Im amtsgerichtlichen Entmündigungsverfahren kann sich sowohl der Antragsteller als auch der zu Entmündigende (bezw. bei dem Wiederaufhebungsverfahren der Entmündigte) des Beistands eines Rechtsanwaltes bedienen, und derjenige, welcher nach den §§. 658, 677, 682, 685 die Kosten zu tragen hat, ist auch ersatzpflichtig für die Anwaltskosten (C.P.O. §. 91 Abs. 2 — vgl. oben C.P.O. § 658 Note 1 a. E.). Findet die Vertretung im ganzen Verfahren statt, so hat der Anwalt Anspruch

Rechtsanwalte die Verhandlungsgebühr nur zu fünf Zehntheilen zu. Diese Minderung tritt in den im §. 20 Nr. 1 des Gerichtskostengesetzes bezeichneten Rechtsstreitigkeiten nicht ein, sofern der Kläger ververhandelt.[1] [2]

[1]) Die Vorschrift in Satz 2 entspricht dem §. 20 Nr. 1 G.K.G. und beruht auf demselben Grunde (s. oben G.K.G. §. 20 Note 3). Hierher gehören die Fälle der C.P.O. §§. 664, 679, 684, 686.

[2]) Wegen des Werthes des Streitgegenstandes s. oben G.K.G. §. 20 Note 1.

§. 23. Drei Zehntheile der in den §§. 13 bis 18 bestimmten Gebühren erhält der Rechtsanwalt, wenn seine Thätigkeit betrifft:[1]

1. die im Gerichtskostengesetze §. 27 Nr. 1, §. 35 Nr. 1, 3, §. 38 Nr. 1, 2, §. 47 Nr. 1 bis 12 bezeichneten Angelegenheiten.[2]

[1]) Vgl. G.O. f. R.A. §. 9. Es kommt hier nur die Prozeßgebühr (§. 13 Nr. 1) in Betracht. Nach der bisherigen Vorschrift war im §. 23 Nr. 1 auch G.K.G. §. 34 Nr. 1 angeführt, also das amtsgerichtliche Entmündigungsverfahren überhaupt, so daß hierfür dem Rechtsanwalte nur der wenig entsprechende Satz von $^3/_{10}$ der Prozeßgebühr und der Beweisgebühr (§. 13 Nr. 4) zustand.

---

auf eine (volle) Prozeß- bezw. Beweisgebühr (vgl. G.O. f. R.A. §. 23 Note 1). — Wegen der für den Ansatz der Beweisgebühr nicht nothwendigen Anwesenheit in den Terminen vgl. oben C.P.O. §. 652 Note 3. — Findet eine Vertretung nur für besondere Akte statt, so gelten hierfür die betreffenden Einzelvorschriften z. B. G.O. f. R.A. §§. 46 (Anfertigung des Antrags), 45 (Beweisaufnahmetermin), 41 (Beschwerde), 23 Nr. 1.

Die neue Vorschrift ergiebt durch Schluß aus dem Gegensatze, daß im gedachten Verfahren die Prozeß- und Beweisgebühr unverkürzt in Ansatz kommen. Die Beweisgebühr kann zu $^3/_{10}$ auch in der Beschwerdeinstanz vorkommen, desgl. in den Fällen der §§. 663, 678 Abs. 2, 680 Abs. 3 C.P.O. die Prozeßgebühr (vgl. G.O. f. R.A. §. 41 Abs. 2). Neben diesen Gebühren kommen für einzelne Akte keine besonderen Gebühren zur Erhebung (vgl. §§. 29 u. das. Note 1, 41 Abs. 2).

[2]) Hierher gehören die Uebernahme eines Entmündigungsverfahrens durch ein anderes Gericht und die Bestellung eines Rechtsanwalts zum Vertreter bei der Anfechtungs- bezw. Wiederaufhebungsklage des Entmündigten (s. oben G.K.G. §. 47 Note 3, 4).

§. 29. Die im §. 13 benannten Gebühren umfassen die gesammte Thätigkeit des Rechtsanwalts von dem Auftrage bis zur Beendigung der Instanz. [1])

Zu der Instanz gehören insbesondere:

6. das Verfahren über die im Gerichtskostengesetze §. 47 Nr. 1 bis 12 bezeichneten Streitpunkte und Anträge. [2])

[1]) Die Vorschrift beruht auf dem Grundsatze der Entlohnung des Rechtsanwalts durch Bauschgebühren. Eine besondere Instanz bildet die Rechtsmittelinstanz mit der in §. 41 für die Beschwerde (und den Fall des §. 576 C.P.O.) gegebenen Einschränkung (s. oben G.O. f. R.A. §. 23 Note 1 a. E.).

[2]) Vgl. oben G.O. f. R.A. §. 23 Note 2.

C. Die vorläufigen Sicherungsmaßregeln während des Entmündigungsverfahrens. *)

1. Die Einleitung und Beendigung der vorläufigen Vormundschaft. B.G.B. IV. Buch, 3. Abschnitt, 2. Titel (Vormundschaft über Volljährige.) §§. 1906—1908.

§. 1906. Ein Volljähriger,[1]) dessen Entmündigung beantragt ist,[2]) kann[3]) unter vorläufige Vormundschaft gestellt werden, wenn das Vormundschaftsgericht es zur Abwendung einer erheblichen Gefährdung der Person oder des Vermögens des Volljährigen für erforderlich erachtet.[4])[5])[6])

[1]) Oder ein für volljährig Erklärter (B.G.B. §. 3); für Minderjährige besteht bereits eine Fürsorge in der elterlichen Gewalt oder Vormundschaft, nöthigenfalls kann eine Pflegschaft nach §. 1909 angeordnet werden.

[2]) Es kommt also nicht darauf an, aus welchem Grunde die Entmündigung beantragt ist. (Wegen des Entmündigungsantrages s. oben C.P.O. §. 645 Note 3). Andere Fälle der vorläufigen Vormundschaft, die nicht mit sonstigen vorläufigen Maßregeln (z. B. C.G. z.

*) Vgl. auch oben (B 1) C.P.O. §. 657 u. das. Note 1, 2. Während der oft längeren Dauer des Entmündigungsverfahrens ist eine Fürsorge für den zu Entmündigenden zu dessen Schutze häufig erforderlich. Nach dem früheren preußischen Rechte konnte gemäß V.O. §. 90 eine Pflegschaft eingeleitet werden, was nach dem B.G.B. (vgl. §. 1910 Abs. 2) nicht mehr möglich ist.

B.G.B. Art. 23 Abs. 2 — unten D I 2b) zu verwechseln ist, kennt das B.G.B. nicht.

3) Vgl. oben B.G.B. §. 6 Note 1 (A 1). Das Vormundschaftsgericht, welches auch von Amtswegen einschreiten kann, muß die vorläufige Vormundschaft anordnen, wenn es sie für erforderlich hält (s. Note 4). Wegen der Befugniß, die Einleitung zu beantragen und gegen die Ablehnung Beschwerde zu erheben, s. unten (C. 3) F.G.G. §. 57 Note 1, 2.

4) Wegen der wichtigen Wirkungen (s. unten C 2) soll die Anordnung nur aus erheblichen Gründen erfolgen, z. B. bei dringender Nothwendigkeit, einen Geisteskranken oder Trunksüchtigen in eine Heilanstalt unterzubringen oder einer Verschleuderung des Vermögens, auch zugleich im Interesse der Familie, vorzubeugen. Dem Vormunde steht nach der Bestellung die Sorge für die Person und das Vermögen des Mündels zu (B.G.B. §. 1793). Beim Wegfalle des Schutzbedürfnisses hat nach §. 1908 Abs. 3 die Wiederaufhebung der vorläufigen Vormundschaft zu erfolgen.

5) Wegen der sofortigen Beschwerde gegen die Anordnung s. unten F.G.G. §. 60 Nr. 5 und das. Note 1—3. Den Eintritt der Wirksamkeit regelt §. 52, die Wirkung der Wiederaufhebung durch das Beschwerdegericht §. 61 das.

6) Wegen der Gerichtskosten s. für Preußen G.K.G. in der Fassung vom 6. Oktober 1899 (G.S. S. 326) §§. 10 Abs. 1, 92 Nr. 4. — Wirkt ein Rechtsanwalt bei der Antragstellung mit, so ist Art. 14 des Preuß. Gesetzes, enthaltend die landesgesetzlichen Vorschriften über die Gebühren d. R.A., vom 6. Oktober 1899 (G.S. S. 381) maßgebend (etwa in Verbindung mit G.O. f. R.A. §. 46).

§. 1907. Die Vorschriften über die Berufung zur Vormundschaft [1]) gelten nicht für die vorläufige Vormundschaft. [2]) [3])

1) B.G.G. §§. 1776—1778, 1898, 1899.

2) Der Grund hierfür liegt in der Dringlichkeit der

Angelegenheit, die eine unbedingte Rücksichtnahme auf die vielleicht entfernt wohnenden Angehörigen nicht gestattet. Verwandte können unter Umständen auch als Antragsteller im Entmündigungsverfahren zur Vertretung der Interessen des zu Entmündigenden weniger geeignet sein, als Unbetheiligte.

3) Im Uebrigen finden für die Einleitung und Führung der Vormundschaft die allgemeinen Vorschriften des B.G.B., Buch IV, Abschnitt 3, Titel 1 Anwendung. Aus dem Begriffe der vorläufigen Vormundschaft folgt jedoch, daß der Vormund in Ansehung der Sorge für das Vermögen des Mündels in der Regel sich darauf zu beschränken haben wird, den vorhandenen Zustand aufrecht zu erhalten.

§. 1908. Die vorläufige Vormundschaft endigt mit der Rücknahme 1) oder der rechtskräftigen Abweisung des Antrags auf Entmündigung. 2)

Erfolgt die Entmündigung, so endigt die vorläufige Vormundschaft, wenn auf Grund der Entmündigung ein Vormund bestellt wird. 3)

Die vorläufige Vormundschaft ist von dem Vormundschaftsgericht aufzuheben, wenn der Mündel des vorläufigen vormundschaftlichen Schutzes nicht mehr bedürftig ist. 4)

1) Aus Abs. 1 ergiebt sich zunächst, daß die Rücknahme des Antrags die (früher nicht unbestrittene) Wirkung hat, daß das Entmündigungsverfahren beendigt wird, falls nicht ein anderer Antragsberechtigter, namentlich der Staatsanwalt (vgl. Preuß. J.M.V. v. 28. Nov. 1899 §. 7 Abs. 4*), einen neuen Antrag stellt (s. auch oben C.P.O. §. 645 Note 3). Eine ausdrückliche Verpflichtung des Entmündigungsgerichts, die Vormundschaftsbehörde von der Rücknahme des Antrags zu benachrichti-

*) S. unten E.

gen, ist nicht begründet (anders im Falle des §. 660 C.P.O.), die Benachrichtigung ist aber selbstverständlich erforderlich, wenn eine Mittheilung nach §. 657 C.P.O. erfolgt war. Die Endigung tritt kraft Gesetzes, also ohne Mitwirkung des Vormundschaftsgerichts, ein, und es gelten in diesem Falle B.G.B. §§. 1893, 1682.

Neben Abs. 1 finden noch die allgemeinen Vorschriften des B.G.B. über die Beendigung der Vormundschaft (§§. 1882 ff.) gemäß §. 1897 entsprechende Anwendung.

[2]) Also nach unbenutztem Ablaufe der in §. 663 C.P.O. vorgesehenen Beschwerdefrist oder nach der Erledigung des Beschwerdeverfahrens. – Ueber die Wirkung der Beendigung nach Abs. 1 s. (unten bei 2a) B.G.B. §. 115 Abs. 2 und Note 2.

[3]) Nicht bereits mit der Wirksamkeit des Entmündigungsbeschlusses (C.P.O. §. 661), indem zuerst für das Vorhandensein eines Vertreters gesorgt werden muß. Wegen der Bestellung des endgültigen Vormundes s. unten D I 2a. Nach §. 92 Nr. 4 des Preuß. G.K.G. gelten für die Gebührenberechnung die vorläufige und die endgültige Vormundschaft als ein Verfahren.

[4]) z. B. wenn eine wesentliche Besserung des Geisteszustandes eingetreten ist. Die Wiederaufhebung tritt nach dem F.G.G. §. 52 mit der Bekanntmachung an den Mündel in Wirksamkeit. Mit der Wiederaufhebung der vorläufigen Vormundschaft (wegen veränderter Sachlage) ist nicht zu verwechseln die Aufhebung der die vorläufige Vormundschaft anordnenden Verfügung durch das Beschwerdegericht (s. §. 61 a. a. O.).

2. Die Wirkungen der vorläufigen Vormundschaft.

a) B.G.B. I. Buch, 3. Abschnitt, 1. Titel (Geschäftsfähigkeit.) §§. 114, 115 Abs. 2.*)

§. 114. (Wer wegen Geistesschwäche, wegen Verschwendung

*) S. auch unten (S. 107) B.G.B. §. 1781 Nr. 1.

oder wegen Trunksucht entmündigt oder) wer nach §. 1906 unter vorläufige Vormundschaft gestellt ist,[1]) steht in Ansehung der Geschäftsfähigkeit einem Minderjährigen gleich, der das siebente Lebensjahr vollendet hat.*)

[1]) Der Grund, wegen dessen die Entmündigung beantragt ist, ist also für die Wirkung der vorläufigen Vormundschaft in Ansehung der Geschäftsfähigkeit gleichgültig (anders C.P.O. §. 473 Abs. 3). Es rechtfertigt sich dieses dadurch, daß bereits nach B.G.B. §. 104 Nr. 2 derjenige geschäftsunfähig ist, welcher sich in einem die freie Willensbestimmung ausschließenden Zustande krankhafter Störung der Geistesthätigkeit befindet, sofern nicht der Zustand seiner Natur nach bloß ein vorübergehender ist. Diese Bestimmung wird bei der Entmündigung wegen Geisteskrankheit häufig auf den zu Entmündigenden anwendbar sein. (Eine wegen geistiger Gebrechen nach B.G.B. §. 1910 Abs. 2 eingeleitete Pflegschaft hat eine Minderung der Geschäftsfähigkeit nicht zur Folge.) Abgesehen von dem Falle des B.G.B. §. 104 Nr. 2 hat also die Einleitung der vorläufigen Vormundschaft die Wirkung, daß der bis dahin geschäftsfähige zu Entmündigende mit Eintritt der Wirksamkeit der Anordnung einem Minderjährigen gleichgestellt wird, der das siebente Lebensjahr vollendet hat.

§. 115. Wird ein die Entmündigung aussprechender Beschluß in Folge einer Anfechtungsklage aufgehoben, so kann die Wirksamkeit der von oder gegenüber dem Entmündigten vorgenommenen Rechtsgeschäfte nicht auf Grund des Beschlusses in Frage gestellt werden. Auf die Wirksamkeit der von oder gegenüber dem gesetzlichen Vertreter vorgenommenen Rechtsgeschäfte hat die Aufhebung keinen Einfluß.1)

Diese Vorschriften finden entsprechende Anwendung, wenn im Falle einer vorläufigen Vormund-

*) S. auch unten bei D I 1.

schaft der Antrag auf Entmündigung zurückgenommen oder rechtskräftig abgewiesen oder der die Entmündigung aussprechende Beschluß in Folge einer Anfechtungsklage aufgehoben wird.[2][3])

[1]) S. unten bei D I 1.

[2]) Vgl. auch unten (bei C 3) F.G.G. §. 61. Mit der Rücknahme oder der rechtskräftigen Abweisung des Entmündigungsantrags erlischt die vorläufige Vormundschaft kraft Gesetzes (B.G.B. §. 1908 Abs. 1), und es tritt hiermit für die von oder gegenüber dem zu Entmündigenden vorgenommenen Rechtsgeschäfte eine Wirkung ex tunc ein. Im Falle der Anfechtungsklage (C.P.O. §§. 672, 684; s. oben B 1 §. 675 Note 1) wird die vorläufige Vormundschaft regelmäßig bereits nach Abs. 2 des §. 1908 beendigt sein. Die von oder gegenüber dem vorläufigen Vormunde vorgenommenen Rechtsgeschäfte bleiben ebenfalls wirksam (s. auch F.G.G. §. 32). Hiermit ist die Möglichkeit gegeben, daß die Rechtsgeschäfte des zu Entmündigenden mit denjenigen des Vormundes in Widerspruch stehen; es gilt dann das zuerst vorgenommene Rechtsgeschäft, während gleichzeitige einander aufheben. Nicht hierher gehört die Wiederaufhebung der Entmündigung gemäß C.P.O. §§. 675, 679, 685, 686 und die Aufhebung der vorläufigen Vormundschaft gemäß B.G.B. §. 1908 Abs. 3; auch werden die Vorschriften des B.G.B. §§. 104 Nr. 2, 105 Abs. 2 durch §. 115 nicht berührt. Vorausgesetzt ist, daß die Anordnung der vorläufigen Vormundschaft in Wirksamkeit getreten war (s. hierüber unten F.G.G. §. 52).

[3]) Endigt die vorläufige Vormundschaft durch den Tod des zu Entmündigenden, so findet §. 115 keine Anwendung.

b) C.P.O. 2. Buch, 1. Abschnitt, 10. Titel (Beweis durch Eid.) §§. 473 Abs. 3, 477 Abs. 1.

§. 473. Ist eine Partei nicht prozeßfähig, so ist die Zuschiebung oder Zurückschiebung des Eides nur an ihren gesetzlichen

Vertreter und nur insoweit zulässig, als die vertretene Partei, wenn sie den Prozeß in Person führte, oder der Vertreter, wenn er selbst Partei wäre, dieselbe zulassen müßte.

Minderjährigen, welche das sechzehnte Lebensjahr vollendet haben, sowie Volljährigen, welche wegen Geistesschwäche, Verschwendung oder Trunksucht entmündigt sind, kann über Thatsachen, die in Handlungen derselben bestehen oder Gegenstand ihrer Wahrnehmung gewesen sind, der Eid zugeschoben oder zurückgeschoben werden, sofern dies von dem Gericht auf Antrag des Gegners nach den Umständen des Falles für zulässig erklärt wird.*) Das Gleiche gilt von einer prozeßfähigen Partei, die in dem Rechtsstreite durch einen Pfleger vertreten wird.

Auf Volljährige, welche unter vorläufige Vormundschaft gestellt sind, finden in Betreff der Zuschiebung oder Zurückschiebung des Eides diejenigen Vorschriften Anwendung, welche nach Abs. 1, 2 bei eingetretener Entmündigung gelten.[1][2])

[1]) Wer unter vorläufige Vormundschaft gestellt ist, ist nach C.P.O. §. 52 Abs. 1, abgesehen von den Fällen der §§. 612, 641 Abs. 2 und des B.G.B. §§. 112, 113, prozeßunfähig, und da die Prozeßfähigkeit an sich die Voraussetzung der Fähigkeit zum Parteieid ist, so würde §. 473 Abs. 1 Platz greifen. In Abs. 3 wird hiervon eine Ausnahme begründet, wenn die Entmündigung wegen Geistesschwäche, Verschwendung oder Trunksucht beantragt ist, indem dann Abs. 2 zur Anwendung kommen soll, damit nicht die bloß beantragte Entmündigung stärkere Wirkungen bezüglich der Eidesfähigkeit habe, als die ausgesprochene. Ist aber die Entmündigung wegen Geisteskrankheit beantragt, so verbleibt es bei der grundsätzlichen Eidesunfähigkeit, ohne daß es auf den wirklichen Geisteszustand des zu Entmündigenden ankommt.

Wegen des Beginns der Wirksamkeit einer vorläufigen Vormundschaft s. unten F.G.G. §. 52.

*) S. unten bei D II 3.

2) §. 473 Abs. 2, 3 gelten nach §. 426 Abs. 3 auch für den Editionseid.

§. 477. (Abs. 1). Die Bestimmungen der §§. 457 bis 471, 473 finden auf den richterlichen Eid entsprechende Anwendung.[1])

1) Die entsprechende Anwendung des §. 473, der hier allein in Betracht kommt, bedeutet, daß an Stelle der Zuschiebung oder Zurückschiebung des Eides die Eidesauflage (§. 475) tritt und daß das Erforderniß des Antrags in §. 473 Abs. 2, 3 dabei wegfällt. Im Uebrigen s. oben §. 473 Note 1 und unten D II 3.

3. Vorschriften für das Verfahren bei der vorläufigen Vormundschaft.

F.G.G. II. Abschnitt (Vormundschaftssachen.)
§§. 50, 52, 57 Nr. 2, 60 Nr. 5, 61.*)

§. 50. Wird die Anordnung einer Vormundschaft oder Pflegschaft einer in Folge eines gerichtlichen Verfahrens erforderlich, so hat das Gericht das zuständige Vormundschaftsgericht[1]) hiervon zu benachrichtigen.[2])

1) Vgl. F.G.G. §. 36.

2) Die Vorschrift ist eine Verallgemeinerung der schon früher vorhandenen Vorschrift des §. 657 C.P.O. (vgl. auch das. §. 680 Abs. 3 und oben B 1 §. 657 Note 1). Auf demselben Grunde beruht die in C.P.O. §§. 660, 674, 679 Abs. 4, 683 Abs. 2, 684 Abs. 4, 686 Abs. 4 vorgeschriebene Mittheilung an die Vormundschaftsbehörde. Für das Entmündigungsrecht hat aber §. 50 noch die weitergehende Bedeutung, daß, wenn der Vater minderjähriger Kinder (oder im Falle des B.G.B. §. 1685 die

*) Die materiellen Bestimmungen des B.G.B. über die vorläufige Vormundschaft ergänzt das Gesetz über die Angelegenheiten

Mutter) entmündigt wird, der Entmündigungsrichter auch das für die Kinder zuständige Vormundschaftsgericht (vgl. F.G.G. §. 36; B.G.B. §§. 11, 8) zu benachrichtigen hat, da auch für diese nach B.G.B. §. 1773 eine Vormundschaft nothwendig wird.

Dasselbe gilt für das Gericht, welches den Inhaber der elterlichen Gewalt unter vorläufige Vormundschaft stellt. Ist das Gericht, welches hiernach benachrichtigen soll, zugleich das zu benachrichtigende, so genügt ein Vermerk zu den Vormundschaftsakten.

§. 52. Eine Verfügung, durch die ein Volljähriger unter vorläufige Vormundschaft gestellt wird, tritt, wenn die Entmündigung wegen Geisteskrankheit beantragt ist, mit der Bestellung des Vormundes, wenn die Entmündigung wegen Geistesschwäche, wegen Verschwendung oder wegen Trunksucht beantragt ist, mit der Bekanntmachung an den zu Entmündigenden,[1]) eine Verfügung, durch die eine vorläufige Vormundschaft aufgehoben wird, tritt mit der Bekanntmachung an den Mündel in Wirksamkeit.[2])

[1]) Vgl. F.G.G. §. 16 Abs. 1. §. 52 entspricht der für die Entmündigung Volljähriger geltenden Vorschriften der C.P.O. §§. 661, 683 Abs. 2 und gilt auch, wenn die Verfügung erst vom Beschwerdegericht erlassen wird. Der Grund des hier gemachten Unterschieds liegt darin, daß ein wegen Geisteskrankheit unter vorläufige Vormundschaft zu Stellender häufig nicht im Stande ist, die,

der freiwilligen Gerichtsbarkeit v. 17. Mai 1898 (R.G.Bl. S. 189) durch einige Sondervorschriften über das Verfahren. Daneben gelten die allgemeinen Vorschriften über die Vormundschaftssachen, namentlich §. 36 für die Zuständigkeit. Wegen des §. 44 das. s. unten bei D I 2b.

übrigens nicht ausgeschlossene, vielmehr in das Ermessen des Gerichts gestellte Bekanntmachung entgegenzunehmen. Die nach F.G.G §. 60 Nr. 5 zulässige sofortige Beschwerde hat also keine aufschiebende Wirkung, da unter Umständen der zu Entmündigende sofort der Vertretung bedarf.

Wegen der Form der Bekanntmachung s. §. 16 Abs. 2 Satz 1, Abs. 3 und C.P.O. §§. 208—212. Wegen der Bestellung des Vormundes s. B.GB. §. 1789.

2) Ungeachtet der nach F.G.G. §. 57 Nr. 2 in diesem Falle zulässigen Beschwerde. Die Voraussetzungen der Aufhebung bestimmt B.G.B. §. 1908 Abs. 3. Kraft Gesetzes endigt die vorläufige Vormundschaft in den das. Abs. 1 vorgesehenen Fällen.

§. 57. Die Beschwerde steht, unbeschadet der Vorschriften des §. 20,[1]) zu:

2. gegen eine Verfügung, durch welche die Anordnung einer vorläufigen Vormundschaft abgelehnt oder eine solche Vormundschaft aufgehoben wird, denjenigen, welche den Antrag auf Entmündigung zu stellen berechtigt sind.[2])[3])

1) §. 20 lautet:

„Die Beschwerde steht Jedem zu, dessen Recht durch die Verfügung beeinträchtigt ist.

Soweit eine Verfügung nur auf Antrag erlassen werden kann und der Antrag zurückgewiesen worden ist, steht die Beschwerde nur dem Antragsteller zu."

§. 20 Abs. 2 greift hier nicht Platz; nach Abs. 1 steht namentlich auch dem zu Entmündigenden selbst das Recht der Beschwerde zu. Auch im Uebrigen gelten die allgemeinen Vorschriften für die Beschwerden (F.G.G. §§. 19—30).

2) Vgl. C.P.O. §§. 646, 680 Abs. 3. Der Staatsanwalt hat also ein Beschwerderecht nur, wenn eine Entmündigung wegen Geisteskrankheit oder Geistesschwäche in Frage steht. Vgl. auch oben §. 646 C.P.O. Note 1—3.

³) Die Kosten einer zurückgewiesenen Beschwerde trägt der Beschwerdeführer und bei Beschwerde des Staatsanwalts die Staatskasse. Vgl. für Preußen G.K.G. v. 6. Oktober 1899 §. 109 Nr. 3.

§. 60. Die sofortige Beschwerde¹) findet statt:

5. gegen eine Verfügung, durch die ein Volljähriger unter vorläufige Vormundschaft gestellt wird.²)³)

¹) Vgl. F.G.G. §§. 18 Abs. 2, 22, 29 Abs. 2. Die Beschwerdefrist beginnt mit der Bekanntmachung an den zu Entmündigenden (F.G.G. §. 52), bei Geisteskranken in der Regel mit der Bekanntmachung an den (vorhandenen oder zu bestellenden) gesetzlichen Vertreter (s. das. Note 1).

²) B.G.B. §. 1906 (s. oben C. 1). Ueber die Berechtigung zur Beschwerde s. F.G.G. §. 20 (oben §. 57 Note 1).

³) Wegen der Kosten vgl. oben §. 57 Note 3.

§. 61. Wird eine Verfügung, durch die ein Volljähriger unter vorläufige Vormundschaft gestellt ist, von dem Beschwerdegericht aufgehoben,¹) so kann die Wirksamkeit der von oder gegenüber dem Volljährigen vorgenommenen Rechtsgeschäfte²) nicht auf Grund der aufgehobenen Verfügung in Frage gestellt werden.³)

¹) S. oben §. 60 Nr. 5. Die Aufhebung durch das Vormundschaftsgericht selbst ist nach F.G.G. §. 18 Abs. 2 ausgeschlossen. Die Aufhebung gemäß B.G.B. §. 1908 Abs. 3 (wegen veränderter Umstände) gehört nicht hierher.

²) Die Geschäfte des vorläufigen Vormundes bleiben nach §§. 32, 52 F.G.G. rechtsgültig (s. auch B.G.B. §. 115).

³) Entsprechend B.G.B. §. 115 Abs. 2 (s. oben bei C 2a).

D. Die Wirkung der Entmündigung und ihrer Wiederaufhebung.

I. Im Allgemeinen.*)

1. Die Wirkungen bezüglich der Geschäftsfähigkeit. B.G.B. 1. Buch, 3. Abschnitt, 1. Titel (Geschäftsfähigkeit.) §§. 104 Nr. 3, 114, 115 Abs. 1.

§. 104. Geschäftsunfähig ist:

1. wer nicht das siebente Lebensjahr vollendet hat;
2. wer sich in einem die freie Willensbestimmung ausschließenden Zustande krankhafter Störung der Geistesthätigkeit befindet, sofern nicht der Zustand seiner Natur nach ein vorübergehender ist;
3. wer wegen Geisteskrankheit entmündigt ist.[1][2])

[1]) Vgl. oben (A 1) B.G.B. §. 6 Note 2 und (B 1) C.P.O. §. 645 Note 1. In der Regel wird schon Geschäftsunfähigkeit nach §. 104 Nr. 2 vorliegen, doch muß

*) Die allgemeine Folge der Entmündigung ist, daß während ihrer Dauer die Geschäftsfähigkeit des Entmündigten aufgehoben bezw. beschränkt ist und daß deshalb für Volljährige eine Vormundschaft einzuleiten ist. Für die Wirkung der bereits nach dem früheren Rechte ausgesprochenen Entmündigungen enthält das E.G.z.B.G.B. Uebergangsvorschriften (s. unten I 3). Die vom B.G.B. im Einzelnen über die Wirkung der Entmündigung getroffenen Bestimmungen enthält der folgende Abschnitt.

eine solche in jedem einzelnen Falle nachgewiesen werden, während die Geschäftsunfähigkeit durch Entmündigung wegen Geisteskrankheit für deren ganze Dauer, ohne Rücksicht auf den wirklichen Geisteszustand und insbesondere ohne Rücksicht auf sog. lichte Zwischenräume, begründet ist. Für die Verantwortlichkeit wegen unerlaubter Handlungen (vgl. B.G.B. §. 827 Satz 1) kommt es aber, wie nach Str.G.B. §. 51, in jedem Falle auf den wirklichen Geisteszustand an, und die bestehende Entmündigung begründet höchstens eine Vermuthung für das Nichtvorhandensein der freien Willensbestimmung. (Vgl. noch B.G.B. §§. 829, 832, die hier häufig zur Anwendung kommen können, aber nicht bloß für wegen Geisteskrankheit Entmündigte gelten.)

2) Nach B.G.B. §. 105 Abs. 1 ist die Willenserklärung des Geschäftsunfähigen nichtig; wegen der ihm gegenüber abgegebenen, empfangsbedürftigen Willenserklärungen s. §. 131 Abs. 1. Aus §. 165 ergiebt sich, daß ein wegen Geisteskrankheit Entmündigter auch nicht im Stande ist, Vertreter eines Geschäftsfähigen zu sein. Vgl. noch B.G.B. §. 206.

§. 114. Wer wegen Geistesschwäche, wegen Verschwendung oder wegen Trunksucht entmündigt[1]) oder wer nach §. 1906 unter vorläufige Vormundschaft gestellt[2]) ist, steht in Ansehung der Geschäftsfähigkeit einem Minderjährigen gleich, der das siebente Lebensjahr vollendet hat.[3])

1) Vgl. oben (A 1) B.G.B. §. 6 Note 2, 4, 5 und (B. 1) C.P.O. §§. 645 Note 1, 680.

2) S. oben (C 2a) B.G.B. §. 114 Note 1.

3) S. B.G.B. §§. 106—113. Im Wesentlichen besteht die Wirkung für die hier aufgeführten Entmündigten

darin, daß sie zu einer Willenserklärung, durch die sie nicht lediglich einen rechtlichen Vortheil erlangen, der Einwilligung des gesetzlichen Vertreters (Inhabers der elterlichen Gewalt, Vormundes oder Pflegers) bedürfen (§. 107). Die Folgen der fehlenden Einwilligung ergeben die §§. 108—111. Für die dem Entmündigten gegenüber abgegebenen Willenserklärungen gilt §. 131 Abs. 2. Vgl. auch §. 206. Eine erweiterte Geschäfts- (und Prozeß-)Fähigkeit kann nach §§. 112, 113 eintreten. Nach §. 165 kann ein solcher Entmündigter von Anderen zum Vertreter bestellt werden. Vgl. auch unten (D. II 3b) C.P.O. §§. 612 Abs. 1, 641 Abs. 2.

§. 115. (Abs. 1).[1]) Wird ein die Entmündigung aussprechender Beschluß in Folge einer Anfechtungsklage[2]) aufgehoben, so kann die Wirksamkeit der von oder gegenüber dem Entmündigten vorgenommenen Rechtsgeschäfte nicht auf Grund des Beschlusses in Frage gestellt werden.[3]) Auf die Wirksamkeit der von oder gegenüber dem gesetzlichen Vertreter vorgenommenen Rechtsgeschäfte hat die Aufhebung keinen Einfluß.[4])

[1]) Vgl. oben (bei C 2a) B.G.B. §. 115 Abs. 2 und Note 2, ferner (bei C 3) F.G.G. §. 61.

[2]) Vgl. C.P.O. §§. 672, 684 und oben (bei B 1) C.P.O. §. 675 Note 1. Die Wiederaufhebung der Entmündigung (B.G.B. §. 6 Abs. 2) wirkt dagegen erst für die Zukunft.

[3]) Wohl aber nach B.G.B. §§. 104 Nr. 2, 105 Abs. 1.

[4]) Vgl. F.G.G. §. 32. Wegen des gesetzlichen Vertreters s. B.G.B. §. 114 Note 3. Eine dem §. 115 Abs. 1 entsprechende, jedoch nur die von dem Entmün-

digten, bezw. von dem gesetzlichen Vertreter vorgenommenen Handlungen erwähnende Vorschrift enthielt die frühere C.P.O. in §. 613 Abs. 2. (§. 115 Abs. 2 enthält eine gleichartige Bestimmung für die vorläufige Vormundschaft; s. Note 1.)

2. Die Vormundschaft über Volljährige.

a) B.G.B. IV. Buch, 3. Abschnitt, 2. Titel (Vormundschaft über Volljährige.) §§. 1896—1905.*)

§. 1896. Ein Volljähriger erhält[1]) einen Vormund, wenn er entmündigt ist.[2])[3])

[1]) Diese Vorschrift ist zwingend und schließt eine Pflegschaft im Sinne des B.G.B. §. 1910 Abs. 2 aus (der nicht hierher gehört, weil er nicht von geminderter Geschäftsfähigkeit handelt). Als Volljähriger gilt nach §. 3 Abs. 2 auch der für volljährig Erklärte.

[2]) Während des Verfahrens kann er nur einen vorläufigen Vormund nach B.G.B. §. 1906 erhalten (s. oben bei C. 1). Die vorläufige Vormundschaft endigt, wenn die Entmündigung erfolgt, nach §. 1908 Abs. 2 erst mit der Bestellung des endgültigen Vormundes. Wegen der Wirksamkeit der Entmündigung s. C.P.O. §§. 661, 683 Abs. 2 Satz 1; die Rechtskraft des Beschlusses braucht nicht abgewartet zu werden (s. oben bei B 1 §. 661 Note 1). Im Falle der Aufhebung des Beschlusses in Folge einer Anfechtungsklage gilt B.G.B. §. 115 Abs. 1 (s. oben bei D I 1).

---

*) Ist der Entmündigte noch minderjährig, so steht die Fürsorge dem Inhaber der elterlichen Gewalt oder dem nach B.G.B. §. 1773 zu bestellenden Vormunde zu. Eine vorläufige Fürsorge für entmündigte Volljährige kann durch Pflegschaft nach B.G.B. §. 1909 Abs. 3 und C.P.O. §. 57 eintreten.

³) Mit dem Wegfalle der Entmündigung endigt die Vormundschaft kraft Gesetzes (B.G.B. §§. 1882, 1897).

§. 1897. Auf die Vormundschaft über einen Volljährigen finden die für die Vormundschaft über einen Minderjährigen geltenden Vorschriften Anwendung, soweit sich nicht aus den §§. 1898 bis 1908 ein Anderes ergiebt.[1])

[1]) Die §§. 1906—1908 betreffen die vorläufige Vormundschaft (s. oben C 1), die wichtigsten Ausnahmen enthalten die §§. 1901, 1902. Die Vorschriften bezüglich der Vormundschaft über Minderjährige bilden den 1. Titel des 3. Abschnitts im IV. Buche des B.G.B. Daneben gilt der II. Abschnitt des F.G.G., z. B. §. 36 für die Zuständigkeit des Vormundschaftsgerichts. Wegen der Kosten s. Preuß. G.K.G. v. 6. Oktober 1899 §§. 10, 92 Nr. 1—3.

Sondervorschriften des Vormundschaftsrechts s. unten bei D II 1 i. Wegen der bereits bestehenden Vormundschaften s. E.G.z.B.G.B. Art. 210.

Wegen Bestellung eines Gegenvormundes s. B.G.B. §. 1792, wegen des Umfanges der Vormundschaft §. 1793. (Selbstverständlich begründet es einen erheblichen Unterschied für die Geschäftsführung des Vormundes, daß nur ein wegen Geisteskrankheit Entmündigter geschäftsunfähig ist.)

§. 1898. Der Vater und die Mutter des Mündels[1]) sind nicht berechtigt, einen Vormund zu benennen oder Jemand von der Vormundschaft auszuschließen.[2])

[1]) Diese sind nicht kraft Gesetzes Vormund (vgl. §. 1899).

2) Dieses Recht (vgl. B.G.B. §§. 1776, 1777) ist gegenüber den minderjährigen Kindern ein Ausfluß der elterlichen Gewalt, die aber durch den Eintritt der Volljährigkeit erlischt (B.G.B. §. 1626).

§. 1899. Vor den Großvätern[1]) ist der Vater[2]) und nach ihm die eheliche Mutter des Mündels als Vormund berufen.

Die Eltern sind nicht berufen, wenn der Mündel von einem Anderen als dem Ehegatten seines Vaters oder seiner Mutter an Kindesstatt angenommen ist.[3])

Stammt der Mündel aus einer nichtigen Ehe, so ist der Vater im Falle des §. 1701, die Mutter im Falle des §. 1702 nicht berufen.[4])

1) Vgl. B.G.B. §. 1776 Abs. 1 Nr. 3, 4, Abs. 2. Die Berufung hat die Bedeutung, daß die Uebergehung (abgesehen von §. 1900) nur nach Maßgabe des §. 1778 erfolgen darf.

2) Nur der eheliche (B.G.B. §. 1589 Abs. 2). Wegen der Mutter vgl. §. 1900 Note 3.

3) Vgl. §§. 1757, 1776 Abs. 2. Die Eltern können aber als Vormund nach B.G.B. 1779 bestellt werden.

4) Also wenn ihnen die Nichtigkeit der Ehe (B.G.B. §§. 1324 ff., 1330 ff., 1343) bei der Eheschließung bekannt war (s. auch §. 1699).

§. 1900. Eine Ehefrau darf zum Vormund ihres Mannes auch ohne dessen Zustimmung bestellt werden.[1])

Der Ehegatte des Mündels darf vor den Eltern und den Großvätern,[2]) die eheliche Mutter darf im

Falle des §. 1702 vor den Großvätern zum Vormunde bestellt werden.[3])

Die uneheliche Mutter darf vor dem Großvater zum Vormunde bestellt werden.[4])

[1]) Vgl. §. 1783. Die Zustimmung eines wegen Geisteskrankheit Entmündigten würde nach §. 105 Abs. 1 wirkungslos sein.

[2]) Der Ehegatte ist aber nicht gesetzlich berufen; er kann also ohne Angabe von Gründen (s. §. 1778 Abs. 1) übergangen werden.

[3]) Die eheliche Mutter ist nach §. 1899 Abs. 1 berufen, doch darf nach §. 1900 Abs. 2 ihr der Ehegatte, ohne Angabe von Uebergehungsgründen vorgezogen werden. War der Mutter die Nichtigkeit der Ehe bekannt (vgl. §. 1899 Note 4), so fällt zwar ihre gesetzliche Berufung weg, doch kann sie ohne Angabe von Gründen den Großvätern vorgezogen werden.

[4]) Sie ist also ebenfalls nicht gesetzlich berufen (vgl. auch §§. 1705, 1778 Abs. 3).

§. 1901. Der Vormund hat für die Person des Mündels nur insoweit zu sorgen, als der Zweck der Vormundschaft es erfordert.[1])

Steht eine Ehefrau unter Vormundschaft, so tritt die im §. 1633 bestimmte Beschränkung nicht ein.[2])

[1]) Vgl. §§. 1793, 1800. Insbesondere hat er kein Erziehungsrecht, und es ist auch §. 1801 nicht anwendbar. Wohl aber hat der Vormund das Recht, den Mündel in persönlichen Angelegenheiten zu vertreten, soweit diesem selbst die Fähigkeit dazu mangelt (vgl. z. B. C.P.O. §. 612 Abs. 2 — unten D II 3b), und er muß für seine Pflege und Heilung Sorge tragen, nöthigenfalls auch bei Geisteskrankheit die Unterbringung in eine

Irrenanstalt oder bei Trunksucht die Unterbringung in eine Trinkerheilanstalt veranlassen.

[2]) §. 1633, der Minderjährigkeit zur Voraussetzung hat, lautet:

„Ist eine Tochter verheirathet, so beschränkt sich die Sorge für ihre Person auf die Vertretung in den die Person betreffenden Angelegenheiten."

Ist der Ehemann nicht gemäß §. 1900 Abs. 2 zum Vormunde bestellt worden, so trifft auch der dem §. 1633 zu Grunde liegende Gedanke nicht zu, daß der Ehemann zunächst zur Sorge für die Person seiner Ehefrau berufen ist.

Für den Vormund gilt also auch dann Abs. 1, und er hat in dem dort bestimmten Umfange die persönlichen Interessen des Mündels auch dem Ehemanne selbst gegenüber wahrzunehmen.

§. 1902. Der Vormund kann eine Ausstattung aus dem Vermögen des Mündels nur mit Genehmigung des Vormundschaftsgerichts versprechen oder gewähren. [1])

Zu einem Mieth- oder Pachtvertrage, sowie zu einem anderen Vertrage, durch den der Mündel zu wiederkehrenden Leistungen verpflichtet wird, [2]) bedarf der Vormund der Genehmigung des Vormundschaftsgerichts, wenn das Vertragsverhältniß länger als vier Jahre dauern soll. [3]) Die Vorschrift des §. 1822 Nr. 4 bleibt unberührt. [4])

[1]) Vgl. §. 1624. Die Verpflichtung, einer Tochter eine Aussteuer zu gewähren (§. 1620), wird durch Abs. 1 nicht berührt An sich wäre der Vormund auch zur Gewährung einer Ausstattung für ein Kind des Mündels befugt, soweit diese nicht als Schenkung gilt (§. 1624

Abs. 1). Eine Ausstattung fremder Personen ist in der Regel eine schon nach §. 1804 unzulässige Schenkung. Wegen der Genehmigung des Vormundschaftsgerichtes vgl. im Uebrigen Abs. 2 und §§. 1821 ff., 1847.

2) Z. B. zu einem Versicherungsvertrage.

3) Vgl. §. 1822 Nr. 5. Zu solchen Verträgen bis zu 4 Jahren ist der Vormund ohne Rücksicht auf den Eintritt der Beendigung der Vormundschaft berechtigt, und sie binden den Mündel auch, nachdem die Entmündigung wieder aufgehoben ist.

4) Diese Vorschrift betrifft den Pachtvertrag über ein Landgut (als Ganzes, vgl. §. 593) oder einen gewerblichen Betrieb, wozu der Vormund also stets der Genehmigung des Vormundschaftsgerichtes bedarf.

§. 1903. Wird der Vater des Mündels zum Vormunde bestellt, so unterbleibt die Bestellung eines Gegenvormundes. 1) Dem Vater stehen die Befreiungen zu, die nach den §§. 1852 bis 1854 angeordnet werden können. 2) Das Vormundschaftsgericht kann die Befreiungen außer Kraft setzen, wenn sie das Interesse des Mündels gefährden. 3)

Diese Vorschriften finden keine Anwendung, wenn der Vater im Falle der Minderjährigkeit des Mündels zur Vermögensverwaltung nicht berechtigt sein würde. 4)

1) Vgl. §. 1899 Abs. 1 und wegen des Gegenvormundes §§. 1792, 1799, 1812, 1832, 1842, 1895. S. auch §. 1904. Der Vatervormund hat also dieselbe Stellung, die er als Inhaber der elterlichen Gewalt haben würde.

2) Ausschluß des Gegenvormundes, Entbindung von der Hinterlegung der Werthpapiere und von der Rechnungslage.

³) Ebenso §. 1857.

⁴) Abs. 2 begründet eine Ausnahme, wenn die elterliche Gewalt beschränkt oder aufgehoben sein würde (vgl. §§. 1647, 1666 Abs. 2, 1667, 1676, 1677, 1680, 1697, 1701, 1702, 1771 Abs. 2).

§. 1904. Ist die eheliche Mutter des Mündels zum Vormunde bestellt, so gilt für sie das Gleiche wie nach §. 1903 für den Vater.[1] Der Mutter ist jedoch ein Gegenvormund zu bestellen, wenn sie die Bestellung beantragt oder wenn die Voraussetzungen vorliegen, unter denen ihr nach §. 1687 Nr. 3 ein Beistand zu bestellen sein würde.[2] Wird ein Gegenvorstand bestellt, so stehen der Mutter die im §. 1852 bezeichneten Befreiungen nicht zu.[3]

¹) Vgl. §. 1899 Abs. 1. Nur der ehelichen Mutter kann die elterliche Gewalt zustehen (§. 1707; s. auch §. 1903 Note 1, 4).

²) Wenn das Vormundschaftsgericht aus besonderen Gründen, insbesondere wegen des Umfanges oder der Schwierigkeit der Vermögensverwaltung oder wegen Gefährdung der Person oder des Vermögens des Kindes (§§. 1666, 1667) die Bestellung im Interesse des Mündels für nöthig erachtet.

³) Gemäß §. 1852 Abs. 2 ist die Mutter dann nicht befreit von dem Erfordernisse der Genehmigung des Gegenvormundes (§. 1812) und von der Vorschrift, daß die Hinterlegung von Geldern nur mit der Bestimmung erfolgen soll, daß zur Erhebung die Genehmigung des Gegenvormundes oder des Vormundschaftsgerichts erforderlich ist (§. 1809); ferner kann das Vormundschaftsgericht keine andere Anlegung von Mündelgeld als die in §§. 1807, 1808 vorgesehene gestatten (§. 1811).

§. 1905. Ein Familienrath kann nur nach §. 1859 Abs. 1 eingesetzt werden. [1])

Der Vater und die Mutter des Mündels sind nicht berechtigt, Anordnungen über die Einsetzung und Aufhebung eines Familienraths oder über die Mitgliedschaft zu treffen. [2])

[1]) §. 1859 Abs. 1 lautet:

„Ein Familienrath soll von dem Vormundschaftsgericht eingesetzt werden, wenn ein Verwandter oder Verschwägerter des Mündels oder der Vormund oder der Gegenvormund die Einsetzung beantragt und das Vormundschaftsgericht sie im Interesse des Mündels für angemessen erachtet."

[2]) Abs. 2 entspricht dem §. 1898 (s. das. Note 2). Die Eltern sind aber zu dem in §. 1859 Abs. 1 vorgesehenen Antrage berechtigt. Im Uebrigen gelten die Vorschriften der §§. 1860—1881.

---

b) E.G. z. B.G.B. I. Abschnitt (Allgemeine Vorschriften.) Art. 23.

Art. 23. Eine Vormundschaft oder eine Pflegschaft [1]) kann im Inland auch über einen Ausländer, sofern der Staat, dem er angehört, die Fürsorge nicht übernimmt, angeordnet werden, wenn der Ausländer nach den Gesetzen dieses Staates der Fürsorge bedarf oder im Inland entmündigt ist. [2])

Das deutsche Vormundschaftsgericht kann vorläufige Maßregeln treffen, solange eine Vormundschaft oder Pflegschaft nicht angeordnet ist. [3])

[1]) S. §. 1909 Abs. 3. Es müssen aber die Vor-

aussetzungen für die Anordnung der Vormundschaft vorliegen.

[2]) Ueber die Entmündigung von Ausländern s. oben (A 2) E.G. Art. 8. Tritt die Entmündigung in Wirksamkeit, so ist zunächst festzustellen, ob der ausländische Staat, dem der Entmündigte angehört, die Fürsorge übernimmt; bis die Ablehnung erfolgt, ist Abs. 2 anwendbar. Leitet der ausländische Staat die Vormundschaft nicht ein (z. B. wenn nach seinem Rechte eine Entmündigung wegen Trunksucht nicht anerkannt wird) oder lehnt er später die Fortführung ab, so liegt den deutschen Gerichten, weil der Ausspruch der Entmündigung nach hiesigem Rechte erfolgt war, auch die Einleitung der Vormundschaft ob (wegen des Ausdruckes „kann angeordnet werden" s. oben B.G.B §. 6 Note 1 — A 1 —; hier streitig), für deren Führung selbstverständlich nur das inländische Recht maßgebend ist. Ein Anlaß liegt aber hierzu dann nicht vor, wenn der Entmündigte den Wohnsitz im Inlande verloren hat und sich auch nicht mehr hier aufhält (streitig), und es fehlt in diesem Falle auch nach F.G.G. §. 36 an einem für die Vormundschaft zuständigen Gerichte.

[3]) S. Note 2 und unten F.G.G. §. 44. Abs. 2 ist auch, wenn kein inländisches Gericht für die Vormundschäft zuständig ist, und solange anwendbar, bis der im Auslande bestellte Vormund thatsächlich in der Lage ist, die Fürsorge für den Mündel wahrzunehmen (vgl. B.G.B. §. 1846). Liegen die Voraussetzungen einer inländischen Vormundschaft vor, so ist auch Pflegschaft nach B.G.B. §. 1909 Abs. 3 anwendbar (s. Note 1).

F.G.G. II. Abschnitt (Vormundschaftssachen.) §. 44 Satz 1.

Für die in den §§. 1665, 1846 des Bürgerlichen Gesetzbuchs und im Artikel 23 Abs. 2 des Einführungsgesetzes zum Bürgerlichen Gesetzbuche bezeichneten Maßregeln ist auch das Gericht zuständig, in dessen Bezirke das Bedürfniß der Fürsorge hervortritt. [1]) [2])

[1]) Dieses Bedürfniß kann bei verschiedenen Gerichten hervortreten, und bei widersprechenden Anordnungen kann nach F.G.G. §. 18 Abs. 1 Abhülfe geschafft werden. Neben dem in §. 44 bezeichneten Gericht ist nach §. 36 das Gericht des Wohnsitzes (bezw. des Aufenthaltsortes) zuständig. [Satz 2:

„Das Gericht soll, wenn eine Vormundschaft, Pflegschaft oder Beistandschaft anhängig ist, von den angeordneten Maßregeln dem nach §. 43 Abs. 2 zuständigen Gerichte Mittheilung machen."

gilt nur für die Fälle des B.G.B. §§. 1665, 1846, da Art. 23 Abs. 2 zur Voraussetzung hat, daß eine Vormundschaft oder Pflegschaft noch nicht angeordnet ist.]

[2]) Wegen der Kosten s. Preuß. G.K.G. §§. 94 Abs. 1 Nr. 8, Abs. 2, 95.

3. Die Uebergangsvorschriften.

E.G. z. B.G.B. IV. Abschnitt (Uebergangsvorschriften.) Art. 155, 156, 211.

Artikel 155. Wer zur Zeit des Inkrafttretens des Bürgerlichen Gesetzbuchs wegen Geisteskrankheit [1]) entmündigt ist, [2]) steht von dieser Zeit an einem nach den Vorschriften des Bürgerlichen Gesetzbuchs wegen Geisteskrankheit Entmündigten gleich.

[1]) Ohne Unterschied der Art und des Grades tritt, wenn bereits die Entmündigung nach §. 603 Abs. 2 der früh. C.P.O. in Wirksamkeit getreten war, vom 1. Januar 1900 ab die Geschäftsunfähigkeit des B.G.B. §. 105

Nr. 3 ein. Liegt nur Geistesschwäche im Sinne des B.G.B. vor, so ist die Aufhebung der Entmündigung wegen Geisteskrankheit und darauf Entmündigung wegen Geistesschwäche zu beantragen (vgl. oben A 1, B.G.B. §. 6 Note 6). Ist eine Vormundschaft wegen Geistesschwäche, ohne daß eine Entmündigung erfolgt war, angeordnet, so gilt sie nach Art. 210 Abs. 1 Satz 3 als eine Pflegschaft im Sinne des §. 1910 Abs. 2.

[2]) Für ein noch nicht beendigtes Verfahren gelten in jeder Hinsicht die neuen Vorschriften.

Artikel 156. Wer zur Zeit des Inkrafttretens des Bürgerlichen Gesetzbuchs wegen Verschwendung entmündigt ist, steht von dieser Zeit an einem nach den Vorschriften des Bürgerlichen Gesetzbuchs wegen Verschwendung Entmündigten gleich.[1])

Dasselbe gilt von demjenigen, für welchen nach den französischen oder den badischen Gesetzen wegen Verschwendung die Bestellung eines Beistandes angeordnet ist.[2])

[1]) Er verliert namentlich auch die Fähigkeit zur Testamentserrichtung (B.G.B. §. 2229 Abs. 3).

[2]) Vgl. oben Einleitung S. 9, bei Note 12 und 14. Im Gebiete des rheinischen Rechtes war die Beistandschaft schon durch die preuß. V.O. beseitigt (s. a. a. O. bei Note 13).

Artikel 211. Die nach den französischen oder den badischen Gesetzen für einen Geistesschwachen angeordnete Bestellung eines Beistandes verliert mit dem Ablaufe von sechs Monaten nach dem Inkrafttreten des Bürgerlichen Gesetzbuchs ihre Wirkung.[1])

[1]) Vgl. C. c. art. 499 und oben Einleitung S. 9, bei Note 12. In der sechsmonatigen Frist kann gegebenenfalls das Entmündigungsverfahren wegen Geistesschwäche nach neuem Rechte betrieben werden. Für einzelne Angelegenheiten oder einen bestimmten Kreis von Angelegenheiten, insbesondere für die Vermögensangelegenheiten, kann eine Pflegschaft nach §. 1910 Abs. 2 B.G.B. angeordnet werden, durch welche die Geschäftsfähigkeit des Mündels aber nicht beschränkt wird.

II. Die besonderen Vorschriften. *)

1. Im Familienrechte.

a) B.G.B. IV. Buch, 1. Abschnitt, 2. Titel (Eingehung der Ehe.) §§. 1304, 1307.

§. 1304. Wer in der Geschäftsfähigkeit beschränkt ist, bedarf zur Eingehung einer Ehe der Einwilligung seines gesetzlichen Vertreters. [1])

Ist der gesetzliche Vertreter ein Vormund, so kann die Einwilligung, wenn sie von ihm verweigert wird, auf Antrag des Mündels durch das Vormundschaftsgericht ersetzt werden. Das Vormundschaftsgericht hat die Einwilligung zu ersetzen, wenn die Eingehung der Ehe im Interesse des Mündels liegt. [2])

[1]) Dieses gilt also für Volljährige (vgl. B.G.B. §. 1303) nur, wenn sie wegen Geistesschwäche, Verschwendung oder Trunksucht entmündigt sind oder wenn wegen beantragter Entmündigung ein vorläufiger Vormund bestellt ist

*) Im Vorstehenden sind bereits folgende Vorschriften des

(§§. 114, 1906); für Frauen gilt die Vorschrift auch bei Minderjährigkeit. Der Mangel der Einwilligung begründet nach §. 1331 Anfechtbarkeit (vgl. auch §. 1364). Gesetzlicher Vertreter eines Volljährigen kann ein Vormund oder ein Pfleger (§. 1909) sein. Wegen Geisteskrankheit Entmündigte können keine Ehe schließen (§. 1325 s. unten bei 1b).

2) Es ist also keine Klage erforderlich. Antragsberechtigt ist nur der Mündel selbst. Das Verfahren richtet sich nach dem F.G.G. Wegen der Zuständigkeit s. das. §. 43 Abs. 2, wegen der Wirksamkeit der Verfügung §. 53, wegen der Beschwerde §. 59. Das Vormundschaftsgericht hat nach B.G.B. §. 1847 Verwandte des Mündels zu hören. Wegen Eheschließung zwischen dem Mündel und dem Vormund oder dessen Verwandten in gerader Linie vgl. §§. 1795 Nr. 1, 1909.

§. 1307. **Die elterliche Einwilligung kann nicht durch einen Vertreter ertheilt werden. Ist der Vater oder die Mutter in der Geschäftsfähigkeit beschränkt, so ist die Zustimmung des gesetzlichen Vertreters nicht erforderlich.** [1])

[1]) Diese Vorschrift bezieht sich ausschließlich auf Entmündigte (bezw. unter vorläufige Vormundschaft Gestellte), nicht aber auf den Fall der Geisteskrankheit, da dann das Erforderniß der elterlichen Einwilligung wegfällt (§. 1305 Abs. 2). Minderjährige Töchter bedürfen also der nach §§. 1305, 1306 erforderlichen Einwilligung des Vaters bezw. der Mutter, die also insoweit trotz der Entmündigung geschäftsfähig bleiben, obgleich dieses

B.G.B. behandelt: §§. 6 (A 1), 104 Nr. 3, 114, 115 (D I 1 und C 2 a), 1896—1905 (D I 2 a), 1906—1908 (C 1). Es folgen hier die in B.G.B. Buch IV und V zerstreuten Einzelvorschriften materiellrechtlicher Natur.

zu einem Mißbrauche führen kann. Der Vormund des Entmündigten kann nach Satz 1 die Einwilligung nicht ertheilen. Ist das Kind aber 18 Jahre alt, so kann durch Volljährigkeitserklärung (§§. 3 und 1308) Abhülfe eintreten. Vgl. auch §. 1748 Abs. 2 (bei II 1 h).

b) B.G.B. IV. Buch, 1. Abschnitt, 3. Titel (Nichtigkeit und Anfechtbarkeit der Ehe.) §§. 1325, 1331, 1336, 1337.

§. 1325. Eine Ehe ist nichtig, wenn einer der Ehegatten zur Zeit der Eheschließung geschäftsunfähig war [1]) oder sich im Zustande der Bewußtlosigkeit oder vorübergehender Störung der Geistesthätigkeit befand.

Die Ehe ist als von Anfang an gültig anzusehen, wenn der Ehegatte sie nach dem Wegfalle der Geschäftsunfähigkeit, der Bewußtlosigkeit oder der Störung der Geistesthätigkeit bestätigt, bevor sie für nichtig erklärt oder aufgelöst worden ist. Die Bestätigung bedarf nicht der für die Eheschließung vorgeschriebenen Form. [2])

[1]) Also, abgesehen von §§. 104 Nr. 2, 105 Abs. 2, im Falle der Entmündigung wegen Geisteskrankheit (§. 104 Nr. 3). Der Zustand der Bewußtlosigkeit wird dem Standesbeamten wohl stets erkennbar sein.

[2]) Die Nichtigkeit muß, so lange beide Ehegatten leben, im Wege der Klage geltend gemacht werden (vgl. C.P.O. §§. 606, 631 ff.); nach Auflösung der Ehe (also auch durch Todesfall) kann sich jeder auf die Nichtigkeit berufen (vgl. B.G.B. §. 1329). Wird die Entmündigung aufgehoben (B.G.B. §. 6 Abs. 2), so kann, wenn die Ehe noch besteht (also event. bis zur Rechtskraft des auf Nichtigkeit erkennenden Urtheils), eine formlose (auch

stillschweigende) Bestätigung durch den wiederum Geschäftsfähigen die Ehe zu einer von Anfang an gültigen machen. S. jedoch auch §. 1331.

§. 1331. Eine Ehe kann von dem Ehegatten angefochten werden, der zur Zeit der Eheschließung[1]) oder im Falle des §. 1325 zur Zeit der Bestätigung[2]) in der Geschäftsfähigkeit beschränkt war, wenn die Eheschließung oder die Bestätigung ohne Einwilligung seines gesetzlichen Vertreters erfolgt ist.

[1]) Also, abgesehen von der der Kenntniß des Standesbeamten kaum entgehenden Minderjährigkeit der Frau in den oben §. 1304 Note 1 i. A. aufgezählten Fällen. Solange die Beschränkung der Geschäftsfähigkeit noch fortbesteht, kann nur der gesetzliche Vertreter die Anfechtungsklage erheben (s. unten §. 1336 Abs. 2 Satz 2 und C.P.O. §. 612 Abs. 1). Wegen des Wegfalles dieser Anfechtung s. §. 1337 Abs. 1 Satz 1.

[2]) Hierher gehören namentlich die Fälle, daß ein aus einem anderen Grunde, als wegen Geisteskrankheit Entmündigter nach §§. 104 Nr. 2, 105 Abs. 2 vorübergehend geschäftsunfähig war oder daß nach Aufhebung der Entmündigung wegen Geisteskrankheit eine neue Entmündigung aus einem andern Grunde (bezw. die Bestellung eines vorläufigen Vormundes) erfolgt ist.

§. 1336. Die Anfechtung der Ehe kann nicht durch einen Vertreter erfolgen.[1]) Ist der anfechtungsberechtigte Ehegatte in der Geschäftsfähigkeit beschränkt, so bedarf er nicht der Zustimmung seines gesetzlichen Vertreters.[2])

Für einen geschäftsunfähigen Ehegatten kann sein gesetzlicher Vertreter mit Genehmigung des

Vormundschaftsgerichts die Ehe anfechten.[3] In den Fällen des §. 1331 kann, solange der anfechtungsberechtigte Ehegatte in der Geschäftsfähigkeit beschränkt ist, nur sein gesetzlicher Vertreter die Ehe anfechten.[4] [5]

[1]) Vgl. auch (oben) §. 1307 Satz 1. Eine Ausnahme bildet Abs. 2 Satz 2.

[2]) Er ist also insoweit geschäfts- und prozeßfähig (vgl. C.P.O. §. 612 Abs. 1 i. A. — unten II, 3).

[3]) S. C.P.O. §. 612 Abs. 2 Satz 2, B.G.B. §. 1847, F.G.G. §. 43 Abs. 2. Die Genehmigung kann auch aus Rücksicht auf den anderen Ehegatten ertheilt werden.

[4]) S. oben §. 1331 Note 1. Hier ist vormundschaftsgerichtliche Genehmigung nicht erforderlich.

[5]) Vgl. auch §§. 1595, 1598 Abs. 3, 1599.

§. 1337. Die Anfechtung der Ehe ist in den Fällen des §. 1331 ausgeschlossen, wenn der gesetzliche Vertreter die Ehe genehmigt oder der anfechtungsberechtigte Ehegatte, nachdem er unbeschränkt geschäftsfähig geworden ist, die Ehe bestätigt.[1] Ist der gesetzliche Vertreter ein Vormund, so kann die Genehmigung, wenn sie von ihm verweigert wird, auf Antrag des Ehegatten durch das Vormundschaftsgericht ersetzt werden; das Vormundschaftsgericht hat die Genehmigung zu ersetzen, wenn die Aufrechterhaltung der Ehe im Interesse des Ehegatten liegt.[2]

In den Fällen der §§. 1332 bis 1335 ist die Anfechtung ausgeschlossen, wenn der anfechtungsberechtigte Ehegatte nach der Entdeckung des Irrthums oder der Täuschung oder nach dem Aufhören der Zwangslage die Ehe bestätigt.

Die Vorschriften des §. 1336 Abs. 1 gelten auch für die Bestätigung.[3])

[1]) Vgl. oben §§. 1325 Note 2 a. E., 1331 Note 2, 1336 Abs. 1 Satz 1.

[2]) Vgl. §. 1304 Abs. 2 Satz 2.

[3]) S. noch §. 1325 Abs. 2 und Note 2. Abs. 3 bezieht sich auf die in Abs. 2 erwähnten Fälle der Anfechtbarkeit; insoweit ist also auch ein (nicht wegen Geisteskrankheit) Entmündigter geschäftsfähig.

§. 1340. Hat der gesetzliche Vertreter eines geschäftsunfähigen Ehegatten die Ehe nicht rechtzeitig [1]) angefochten, so kann nach dem Wegfalle der Geschäftsunfähigkeit der Ehegatte selbst die Ehe in gleicher Weise anfechten, wie wenn er ohne gesetzlichen Vertreter gewesen wäre.[2])

[1]) Die Frist beträgt nach §. 1339 Abs. 1 sechs Monate. Abs. 2 das. lautet in seinem hierher gehörigen Anfange:

„Die Frist beginnt in den Fällen des §. 1331 mit dem Zeitpunkt, in welchem die Eingehung oder die Bestätigung der Ehe dem gesetzlichen Vertreter bekannt wird oder der Ehegatte die unbeschränkte Geschäftsfähigkeit erlangt."

Ungeachtet der Vorschrift des §. 1336 Abs. 2 Satz 1 gilt also für die wegen Geisteskrankheit Entmündigten die Fristversäumniß durch den gesetzlichen Vertreter nicht als wirksam, wenn die Entmündigung wieder aufgehoben wird, vielmehr läuft von da ab eine neue Anfechtungsfrist, entsprechend §. 206 Satz 1. Nach §. 1339

Abs. 3 findet auch §. 203 entsprechende Anwendung, obgleich es sich hier um eine Ausschlußfrist handelt.

2) Vgl. auch unten §. 1595 Abs. 2 Satz 2, 1599.

c) B.G.B. IV. Buch, 1. Abschnitt, 6. Titel (Eheliches Güterrecht.) §§. 1364, 1409, 1418 Nr. 3, 1425, 1428 Abs. 2, 1457, 1468 Nr. 4, 1495 Nr. 4, 1519, 1542, 1547 Abs. 2, 1548, 1549.

§. 1364. Die Verwaltung und Nutznießung des Mannes tritt nicht ein,[1]) wenn er die Ehe mit einer in der Geschäftsfähigkeit beschränkten Frau ohne Einwilligung ihres gesetzlichen Vertreters eingeht.[2])

1) Es tritt nach §. 1426 Abs. 1 Gütertrennung ein, und die Vermögensverwaltung führt der gesetzliche Vertreter. Dadurch, daß der Mann in der Geschäftsfähigkeit beschränkt ist, wird der Eintritt des Güterstandes der Verwaltung und Nutznießung nicht ausgeschlossen (vgl. §§. 1409, 1425).

2) Die Hauptfälle bildet die aus Anlaß der Entmündigung eintretende Beschränkung der Geschäftsfähigkeit, da die Minderjährigkeit dem Standesbeamten erkennbar sein wird. Wegen der Einwilligung s. oben §. 1304, wegen der Anfechtbarkeit §. 1331. Der Zweck der Vorschrift ist, die Frau gegen eigennützige Absichten des Mannes zu schützen. §. 1364 trifft auch dann zu, wenn eine wegen Geschäftsunfähigkeit der Frau (§§. 104 Nr. 2, 3, 105 Abs. 2) nichtige Ehe von dieser bestätigt wird (§. 1325), wenn sie beschränkt geschäftsfähig geworden ist, und der gesetzliche Vertreter die Einwilligung zu der Bestätigung (§. 1331) nicht ertheilt.

§. 1409. Steht der Mann unter Vormundschaft, so hat ihn der Vormund in den Rechten und Pflichten zu vertreten, die sich aus der Verwaltung und Nutznießung des eingebrachten Gutes ergeben.[1]) Dies gilt auch dann, wenn die Frau Vormund des Mannes ist.[2])

[1]) Selbst bei Entmündigung wegen Geisteskrankheit wird die Verwaltung und Nutznießung des Mannes nicht von selbst beendet (s. §. 1418 Nr. 3). Der Vormund ist dem Manne nach §. 1833 verantwortlich. Vgl. unten §. 1457.

[2]) Vgl. oben §. 1900 (bei D I 2 a). Satz 2 bestimmt, daß in diesem Falle die Frau dem Manne (gemäß §. 1833) verantwortlich ist, daß sie aber der nach §§. 1395—1405 erforderlichen Zustimmung des Mannes (etwa durch einen Pfleger) nicht bedarf. — S. auch unten §. 1457. Insbesondere kann sich die Frau selbst die Einwilligung zum Betrieb eines Erwerbsgeschäftes, sowie zu Rechtsgeschäften in Ansehung des Vorbehaltsgutes (mit Wirkung gegenüber dem eingebrachten Gute) ertheilen.

§. 1418. Die Frau kann auf Aufhebung der Verwaltung und Nutznießung klagen:

3) wenn der Mann entmündigt ist.[1])

Die Aufhebung der Verwaltung und Nutznießung tritt mit der Rechtskraft des Urtheils ein.[2])

[1]) Der Grund der Entmündigung macht keinen Unterschied, die Bestellung einer vorläufigen Vormundschaft genügt jedoch noch nicht. Klagt die Frau nicht auf Aufhebung, so gilt §. 1409. Die Vorschrift findet nach §. 1542 auf die Errungenschaftsgemeinschaft entsprechende Anwendung. Rechtskraft der Entmündigung ist nicht er-

forderlich (vgl. §. 1425). Vgl. noch unten §. 1428 Note 1.

²) S. jedoch §. 1422 wegen der Herausgabe der Nutzungen seit der Rechtshängigkeit. Die Folge der Aufhebung ist nach §. 1426 Gütertrennung, die aber zur vollen Wirksamkeit gegen Dritte nach §§. 1331, 1335 der Eintragung in das Güterrechtsregister bedarf (vgl. §. 1561 Abs. 3 Nr. 1). Vgl. auch §. 1545, betreffend die Errungenschaftsgemeinschaft.

§. 1425. Wird die Entmündigung oder Pflegschaft, wegen deren die Aufhebung der Verwaltung und Nutznießung erfolgt ist,[1]) wiederaufgehoben oder wird der die Entmündigung aussprechende Beschluß mit Erfolg angefochten,[2]) so kann der Mann auf Wiederherstellung seiner Rechte klagen.[3]) Das Gleiche gilt, wenn der für todt erklärte Mann noch lebt.

Die Wiederherstellung der Rechte des Mannes tritt mit der Rechtskraft des Urtheils ein. Die Vorschrift des §. 1422 findet entsprechende Anwendung.[4])

Im Falle der Wiederherstellung wird Vorbehaltsgut, was ohne die Aufhebung der Rechte des Mannes Vorbehaltsgut geblieben oder geworden sein würde.[5])

¹) §. 1418 Nr. 3.

²) C.P.O. §§. 675, 679, 685, 686 und §§. 664, 684.

³) Der Güterstand der Verwaltung und Nutznießung tritt also nicht von selbst wieder ein, wohl aber wenn der Mann mit seiner Klage obsiegt. Im Verhältnisse zu Dritten gilt §. 1435 Abs. 2 (Eintragung in das Güter=

rechtsregister). Die Vorschrift findet nach §§. 1547 Abs. 2 auch für die Errungenschaft Anwendung (vgl. auch §. 1548 Abs. 2).

4) Die Frau hat hiernach die seit der Rechtshängigkeit gewonnenen Früchte herauszugeben und für schuldhafter Weise nicht gezogene Früchte Ersatz zu leisten (vgl. §. 987). Vgl. auch §. 1548 Abs. 1.

5) Z. B. das durch den Betrieb eines Erwerbsgeschäftes Gewonnene (§. 1367). Vgl. auch §. 1548 Abs. 3.

§. 1428. Ist eine erhebliche Gefährdung des Unterhalts zu besorgen, den der Mann der Frau und den gemeinschaftlichen Abkömmlingen zu gewähren hat, so kann die Frau den Beitrag zu dem ehelichen Aufwand insoweit zur eigenen Verwendung zurückbehalten, als er zur Bestreitung des Unterhalts erforderlich ist.

Das Gleiche gilt, wenn der Mann entmündigt ist [1]) oder wenn er nach §. 1910 zur Besorgung seiner Vermögensangelegenheiten einen Pfleger erhalten hat oder wenn für ihn ein Abwesenheitspfleger bestellt ist.

1) Entsprechend der beim Güterstande der Verwaltung und Nutznießung in §. 1418 Nr. 3 gegebenen Klage, begründet diese Vorschrift für den Fall der Gütertrennung ein Zurückbehaltungsrecht in Ansehung des Beitrages zum ehelichen Aufwande (§. 1427 Abs. 2), soweit er zur Bestreitung des Unterhaltes der Frau und der gemeinschaftlichen Abkömmlinge erforderlich ist. Die Frau wird dadurch insoweit unabhängig von dem Verfügungsrechte des Vormundes ihres Mannes. Die Beitragspflicht der Frau erlischt aber nicht von selbst mit der Entmündigung. Vgl. noch oben §. 1418 Note 1.

§. 1457. Steht der Mann unter Vormundschaft, so hat ihn der Vormund in den Rechten und

Pflichten zu vertreten, die sich aus der Verwaltung des Gesammtguts ergeben. Dies gilt auch dann, wenn die Frau Vormund des Mannes ist.[1])

[1]) Diese Vorschrift für die allgemeine Gütergemeinschaft entspricht der des §. 1409 (s. das. Note 1, 2) für den Güterstand der Verwaltung und Nutznießung; sie findet nach §§. 1519 Abs. 2, 1549 auf das Gesammtgut der Errungenschafts- und Fahrnißgemeinschaft entsprechende Anwendung.

§. 1468. Die Frau kann auf Aufhebung der Gütergemeinschaft klagen:

4. wenn der Mann wegen Verschwendung entmündigt ist[1]) oder wenn er das Gesammtgut durch Verschwendung erheblich gefährdet.

[1]) Abweichend von §. 1418 Nr. 3 genügt nicht jede Entmündigung zur Klage auf Aufhebung der allgemeinen Gütergemeinschaft. Wegen der Wirkungen s. §§. 1470, 1471, 1479. Die Vorschrift findet nach den §§. 1542, 1549 auf das Gesammtgut der Errungenschafts- und Fahrnißgemeinschaft entsprechende Anwendung. Vgl. auch §. 1495.

§. 1495. Ein antheilsberechtigter Abkömmling[1]) kann gegen den überlebenden Ehegatten auf Aufhebung der fortgesetzten Gütergemeinschaft klagen:

4. wenn der überlebende Ehegatte wegen Verschwendung entmündigt ist[2]) oder wenn er das Gesammtgut durch Verschwendung erheblich gefährdet.

[1]) §. 1488 Abs. 1.

[2]) Vgl. §. 1468 Note 1 und wegen der Wirkungen §§. 1496, 1497. Vgl. noch §. 1557 für die Fahrnißgemeinschaft.

d) B.G.B. IV. Buch, 1. Abschnitt, 7. Titel (Scheidung der Ehe.) §§. 1569, 1583.*)

§. 1569. Ein Ehegatte kann auf Scheidung klagen, wenn der andere Ehegatte in Geisteskrankheit verfallen ist, die Krankheit während der Ehe mindestens drei Jahre gedauert und einen solchen Grad erreicht hat, daß die geistige Gemeinschaft zwischen den Ehegatten aufgehoben, auch jede Aussicht auf Wiederherstellung dieser Gemeinschaft ausgeschlossen ist.[1])

[1]) Die Voraussetzung ist also eine dreifache. Die Geisteskrankheit muß drei Jahre ununterbrochen bestanden haben, nicht aber der in §. 1569 vorausgesetzte Grad der Krankheit. Zur Feststellung der Dauer und des Grades der Geisteskrankheit ist, auch wenn bereits Entmündigung vorliegt, die Anhörung von Sachverständigen unbedingt durch C.P.O. §. 623 geboten. Wegen der Wirkung s. B.G.B. §. 1583. Nach §. 1575 kann statt auf Scheidung auf Aufhebung der ehelichen Gemeinschaft geklagt werden.

§. 1583. Ist die Ehe wegen Geisteskrankheit eines Ehegatten geschieden, so hat ihm der andere Ehegatte Unterhalt in gleicher Weise zu gewähren wie ein allein für schuldig erklärter Ehegatte.[1])

[1]) Vgl. §. 1578. S. auch §§. 1478 Abs. 3, 1549, wonach der klagende Ehegatte bei der Auseinandersetzung

*) Streng genommen gehören diese Vorschriften nicht hierher da sie nur andauernde Geisteskrankheit, nicht aber den Ausspruch der Entmündigung zur Voraussetzung haben; regelmäßig ist aber im Falle des §. 1569 auch Grund zur Entmündigung wegen Geisteskrankheit (§. 6 Nr 1) vorhanden.

der allgemeinen Gütergemeinschaft bezw. der Fahrnißgemeinschaft dem für schuldig erklärten Theile gleich steht.

e) B.G.B. IV. Buch, 2. Abschnitt, 2. Titel (Eheliche Abstammung.) §§. 1595, 1598 Abs. 3, 1599.

§. 1595. Die Anfechtung der Ehelichkeit[1]) kann nicht durch einen Vertreter erfolgen.[2]) Ist der Mann in der Geschäftsfähigkeit beschränkt, so bedarf er nicht der Zustimmung seines gesetzlichen Vertreters.[3])

Für einen geschäftsunfähigen Mann kann sein gesetzlicher Vertreter mit Genehmigung des Vormundschaftsgerichts die Ehelichkeit anfechten.[4]) Hat der gesetzliche Vertreter die Ehelichkeit nicht rechtzeitig angefochten, so kann nach dem Wegfalle der Geschäftsunfähigkeit der Mann selbst die Ehelichkeit in gleicher Weise anfechten, wie wenn er ohne gesetzlichen Vertreter gewesen wäre.[5])[6])

[1]) Vgl. §§. 1596, 1597 und C.P.O. §§. 641—648.

[2]) Vgl. oben B.G.B. §. 1336 Abs. 1 Satz 1.

[3]) Uebereinstimmend mit §. 1336 Abs. 1 Satz 2 (s. das. Note 2 und C.P.O. §. 641 Abs. 2 Satz 1 — unten II 3b). — Abs. 1 gilt nach §. 1598 Abs. 3 Satz 1 auch für die (die Anfechtung der Ehelichkeit ausschließende) Anerkennung des Kindes nach der Geburt. Eine Anerkennung durch den gesetzlichen Vertreter eines wegen Geisteskrankheit Entmündigten ist ausgeschlossen (vgl. Note 6).

[4]) S. §. 1336 Abs. 2 Satz 1 und C.P.O. §. 641 Abs. 2 Satz 2.

[5]) S. oben §. 1340 und das. Note 1. Die Frist

beträgt nach §. 1594 ein Jahr von dem Zeitpunkte der Kenntniß der Geburt des Kindes; die neue Frist nach Wegfall der Geschäftsunfähigkeit beträgt gemäß §. 206 Satz 1 sechs Monate.

[6]) Nach §. 1599 findet §. 1595 auch entsprechende Anwendung auf die Anfechtung der Anerkennung der Ehelichkeit gemäß §. 1598 (vgl. C.P.O. §. 641), die also auch durch den gesetzlichen Vertreter eines wegen Geisteskrankheit Entmündigten (im Gegensatze zur Anerkennung selbst — s. Note 3) erfolgen kann. Anfechtungsgründe sind z. B. Irrthum und Drohung. Für die Frist gelten B.G.B. §§. 121, 124, im letzteren Falle findet nach der ausdrücklichen Bestimmung des §. 1599 auch §. 203 Abs. 1 (betr. Hemmung der Verjährung durch Stillstand der Rechtspflege) Anwendung, obgleich es sich hier um eine Ausschlußfrist handelt.

f) B.G.B. IV. Buch, 2. Abschnitt, 4. Titel (Eheliche Kinder.) §§. 1676, 1686.

§. 1676. **Die elterliche Gewalt des Vaters ruht, wenn er geschäftsunfähig ist.**[1])

Das Gleiche gilt, wenn der Vater in der Geschäftsfähigkeit beschränkt ist[2]) oder wenn er nach §. 1910 Abs. 1 einen Pfleger für seine Person und sein Vermögen erhalten hat. **Die Sorge für die Person des Kindes**[3]) **steht ihm neben dem gesetzlichen Vertreter**[4]) **des Kindes zu; zur Vertretung des Kindes ist er nicht berechtigt.**[5]) **Bei einer Meinungsverschiedenheit zwischen dem Vater und dem gesetzlichen Vertreter geht die Meinung des gesetzlichen Vertreters vor.**[6])[7])[8])

[1]) Also, abgesehen von §. 104 Nr. 2, im Falle der Entmündigung wegen Geisteskrankheit. An die Stelle des Vaters tritt nach §. 1685 die Mutter oder nach

§. 1778 ein Vormund. Eine Feststellung des Grundes durch das Vormundschaftsgericht (§. 1677) ist nicht vorausgesetzt.

2) d. h. bei sonstiger Entmündigung, und wenn eine vorläufige Vormundschaft angeordnet ist.

3) S. §§. 1631—1633.

4) Mutter, Vormund oder Pfleger (§. 1909 Abs. 1, 3). Aehnliche Vorschriften s. in §§. 1634 Satz 1, 1698.

5) Vgl. §. 1630.

6) Es geht also dann, im Gegensatze zu §. 1634 Satz 2, die Meinung der Mutter der des Vaters vor.

7) Wegen der Wirkung des Ruhens der elterlichen Gewalt des Vaters s. §. 1681.

8) §. 1676 findet nach §. 1686 auf die elterliche Gewalt der Mutter entsprechende Anwendung, Abs. 2 also auch im Falle der Minderjährigkeit der Mutter.

g) B.G.B. IV. Buch, 2. Abschnitt, 7. Titel (Legitimation unehelicher Kinder.) §§. 1728 Abs. 2, 1729, 1731.*)

§. 1729. Ist der Vater in der Geschäftsfähigkeit beschränkt, so bedarf er zu dem Antrag,[1] außer der Zustimmung seines gesetzlichen Vertreters, der Genehmigung des Vormundschaftsgerichts.[2]

Ist das Kind in der Geschäftsfähigkeit beschränkt, so gilt das Gleiche für die Ertheilung seiner Einwilligung.[3]

*) §. 1728 Abs. 2 (vgl. §. 1726):

„Ist das Kind geschäftsunfähig oder hat es nicht das vierzehnte Lebensjahr vollendet, so kann sein gesetzlicher Vertreter die Einwilligung mit Genehmigung des Vormundschaftsgerichts ertheilen."

ist auch im Falle der Entmündigung wegen Geisteskrankheit anwendbar, jedoch kaum von praktischer Bedeutung.

Ist die Mutter des Kindes oder die Frau des Vaters in der Geschäftsfähigkeit beschränkt, so ist zur Ertheilung ihrer Einwilligung die Zustimmung des gesetzlichen Vertreters nicht erforderlich.[4][5])

[1]) Auf Ehelichkeitserklärung eines unehelichen Kindes (§. 1723), worüber die Landesregierung zu bestimmen hat (das. Abs. 3). Wegen der Erfordernisse des Antrags s. §§. 1725, 1730.

[2]) Also bei Entmündigung, die nicht wegen Geisteskrankheit erfolgt ist, und bei vorläufiger Vormundschaft. Wegen der Zustimmung des Vertreters vgl. auch §§. 182 bis 184, wegen der Zuständigkeit des Vormundschaftsgerichts s. F.G.G. §. 43 Abs. 2. Aehnlich §. 1751 Abs. 1.

[3]) Der regelmäßige Fall ist die Minderjährigkeit des Kindes.

[4]) Also auch im Falle der Minderjährigkeit; insoweit ist also die Frau bezw. die Mutter, ungeachtet sonstiger Beschränkung, geschäftsfähig. Wegen der Einwilligung vgl. §§. 1726—1728.

[5]) Nach §. 1731 gilt die Vorschrift des §. 1729 (und des §. 1728) auch für die Anfechtung des Antrags und der Einwilligung und für die Bestätigung der anfechtbaren Erklärung (vgl. noch §§. 142—144).

h) B.G.B. IV. Buch, 2. Abschnitt, 8. Titel (Annahme an Kindesstatt.) §§. 1748 Abs. 2, 1751, 1755, 1770.

§. 1748. Die Einwilligung der in den §§. 1746, 1747 bezeichneten Personen[1]) hat dem Annehmenden oder dem Kinde oder dem für die Bestätigung des Annahmevertrags zuständigen Gerichte gegenüber zu erfolgen; sie ist unwiderruflich.

Die Einwilligung kann nicht durch einen Vertreter ertheilt werden. Ist der Einwilligende in der

Geschäftsfähigkeit beschränkt, so bedarf er nicht der Zustimmung seines gesetzlichen Vertreters.[2])

Die Einwilligungserklärung bedarf der gerichtlichen oder notariellen Beurkundung.

[1]) d. h. des Ehegatten des Annehmenden und des Anzunehmenden und der Eltern, bezw. der unehelichen Mutter, minderjähriger Kinder. Die Einwilligung ist nicht erforderlich, wenn der zu ihr Berechtigte dauernd erklärungsunfähig oder sein Aufenthalt dauernd unbekannt ist (§. 1746 Abs. 2).

[2]) Entsprechend §. 1307. Außer den Entmündigungsfällen (nicht wegen Geisteskrankheit) kann hier auch Minderjährigkeit der Ehefrau oder Mutter in Betracht kommen. Die Vorschrift des Abs. 2 gilt nach §. 1755 auch für die Anfechtung der Einwilligung und für die Bestätigung einer anfechtbaren Einwilligung (vgl. §. 1729 Note 5).

§. 1751. Ist der Annehmende in der Geschäftsfähigkeit beschränkt, so bedarf er zur Eingehung des Vertrags,[1]) außer der Zustimmung seines gesetzlichen Vertreters, der Genehmigung des Vormundschaftsgerichts.[2])

Das Gleiche gilt für das Kind, wenn es in der Geschäftsfähigkeit beschränkt ist.[3])[4])

[1]) Vgl. §. 1750.

[2]) Abs. 1 gilt gemäß §§. 1744, 1745 Abs. 1 nur für (außer wegen Geisteskrankheit) Entmündigte und unter vorläufige Vormundschaft Gestellte. Vgl. §. 1729 Abs. 1 und das. Note 2.

[3]) Auch Abs. 2 bezieht sich namentlich auf die in Note 2 erwähnten Fälle; für Minderjährige unter 14 Jahren ist eine besondere Vorschrift in §. 1750 Abs. 1 Satz 2 gegeben.

4) §. 1751 gilt nach §. 1755 auch für die Anfechtung des Annahmevertrags (§. 1750) und für die Bestätigung eines anfechtbaren Vertrages (vgl. §. 1731) und ferner nach §. 1770 auch für die Aufhebung des durch die Annahme an Kindesstatt begründeten Rechtsverhältnisses (§§. 1768, 1769).

i) B.G.B. IV. Buch, 3. Abschnitt, 1. Titel (Vormundschaft über Minderjährige.) §§. 1780, 1781 Nr. 1, 1794 Abs. 4, 1866 Nr. 2, 1878 Abs. 1, 1885 Abs. 1, 1886, 1895.*)

§. 1780. Zum Vormunde kann nicht bestellt werden, wer geschäftsunfähig[1]) oder wegen Geistesschwäche, Verschwendung oder Trunksucht entmündigt ist.[2])[3])

1) B.G.B. §. 104; also nicht ausschließlich für wegen Geisteskrankheit Entmündigte geltend. Jeder überhaupt Geschäftsunfähige ist selbstverständlich auch unfähig zur Vormundschaftsübernahme.

2) Die Bestellung würde nichtig sein, und sie würde namentlich nicht die in §. 1789 vorgesehene Verpflichtung des Vormundes begründen können.

3) §. 1780 findet nach §. 1792 Abs. 4 auf den Gegenvormund entsprechende Anwendung.

§. 1781. Zum Vormunde soll[1]) nicht bestellt werden:

---

*) Entmündigung der Eltern ist nach §§. 1676, 1686, 1773 Abs. 1 ein Grund zur Einleitung der Vormundschaft für minderjährige Kinder. Die hier angeführten Vorschriften finden nach §§. 1897, 1915 auch auf die Vormundschaft über Volljährige (§§. 1896 ff.) und auf die Pflegschaft (§§. 1909 ff.) entsprechende Anwendung.

1. wer minderjährig oder nach §. 1906 unter vorläufige Vormundschaft gestellt ist.[2])

[1]) §. 1781 enthält die Fälle der Untauglichkeit zur Vormundschaftsübernahme. Im Gegensatze zu §. 1780 ist in diesen Fällen eine Bestellung nicht ungültig.

[2]) Nach §. 1866 Nr. 2 sollen diejenigen, welche nach §. 1781 nicht zum Vormunde zu bestellen sind, auch nicht zum Mitgliede des Familienraths bestellt werden. Tritt nach der Bestellung einer der hier vorgesehenen Gründe ein, so hat das Vormundschaftsgericht nach §. 1886 den Vormund, bezw. nach §. 1878 Abs. 1 das Familienrathsmitglied, zu entlassen. Dieses gilt (wie auch §. 1781) gleichfalls für den Gegenvormund (§§. 1792 Abs. 4, 1895).

§. 1885 (Abs. 1). Das Amt des Vormundes[1]) endigt mit seiner Entmündigung.[2])

[1]) Regelmäßig endigt das Amt des Vormundes (nicht zu verwechseln mit der Beendigung der Vormundschaft) erst in Folge des gerichtlichen Aktes der Entlassung. Der Grund der Entmündigung ist hier gleichgültig.

[2]) §. 1885 Abs. 1 gilt nach §. 1878 Abs. 1 auch für die Beendigung des Amtes der Familienrathsmitglieder. Wird der Vormund unter vorläufige Vormundschaft gestellt, so gilt §. 1886. Nach §. 1895 findet §. 1885 auch auf den Gegenvormund entsprechende Anwendung.

2. Im Erbrechte.*)

a) B.G.B. IV. Buch, 3. Abschnitt, 6. Titel (Testamentsvollstrecker.) §§. 2201, 2225.

§. 2201. Die Ernennung des Testamentsvollstreckers[1]) ist unwirksam, wenn er zu der Zeit, zu

*) Vgl. noch §. 1999, wonach, wenn der Erbe unter Vormundschaft steht, das Nachlaßgericht dem Vormundschaftsgerichte von der Bestimmung der Inventarfrist Mittheilung machen soll.

welcher er das Amt anzutreten hat,[2]) geschäftsunfähig[3]) oder in der Geschäftsfähigkeit beschränkt ist[4]) oder nach §. 1910 zur Besorgung seiner Vermögensangelegenheiten einen Pfleger erhalten hat.

[1]) Durch den Erblasser (§. 2197) oder einen Dritten (§. 2198) oder durch das Nachlaßgericht (§. 2200); vgl. auch §. 2199.

[2]) In der Regel sofort nach dem Eintritte des Erbfalles (§. 1922), doch kann auch ein späterer Zeitpunkt in Betracht kommen, z. B. wenn Jemand als Ersatzmann eintreten soll. Unfähigkeit zur Zeit der Testamentserrichtung ist dagegen bedeutungslos. Wegen später eintretender Unfähigkeit s. §. 2225.

[3]) §. 104.

[4]) §§. 106, 114.

§. 2225. Das Amt des Testamentsvollstreckers erlischt, wenn er stirbt oder wenn ein Fall eintritt, in welchem die Ernennung nach §. 2201 unwirksam sein würde.[1])

[1]) Also, abgesehen von §. 104 Nr. 2, im Falle der Entmündigung und der Anordnung einer vorläufigen Vormundschaft oder einer Pflegschaft im Sinne des §. 1910.

b) B.G.B. V. Buch, 3. Abschnitt, 7. Titel (Errichtung und Aufhebung eines Testaments.) §§. 2229, 2230, 2253; E.G.z.B.G.B. Art. 214 Abs. 1, 215 Abs. 2.

§. 2229. Wer in der Geschäftsfähigkeit beschränkt ist, bedarf zur Errichtung eines Testaments nicht der Zustimmung seines gesetzlichen Vertreters.[1])

Ein Minderjähriger kann ein Testament erst errichten, wenn er das sechzehnte Lebensjahr vollendet hat.

Wer wegen Geistesschwäche, Verschwendung oder Trunksucht entmündigt ist, kann ein Testament nicht errichten.[2] Die Unfähigkeit tritt schon mit der Stellung des Antrags ein, auf Grund dessen die Entmündigung erfolgt.[3][4]

[1]) Vgl. §§. 106, 114. Geschäftsunfähige (§§. 104, 105) sind, wie sich schon aus §. 2064 („Der Erblasser kann ein Testament nur persönlich errichten.") ergiebt, auch zur Testamentserrichtung unfähig; bei wegen Geisteskrankheit Entmündigten kommen auch sog. lichte Zwischenräume nicht in Betracht (s. oben B.G.B. §. 104 Note 1 — bei D I 1). Die Vorschrift des Abs. 1 gilt sowohl für Minderjährige (über 16 Jahre — s. Abs. 2) als auch für die (außer wegen Geisteskrankheit) Entmündigten und unter vorläufige Vormundschaft Gestellten, sofern das Testament nach §. 2230 gültig ist.

[2]) Diese äußerst wichtige, erst vom Bundesrathe beigefügte Bestimmung weicht vom bisherigen Rechte sehr erheblich ab, namentlich waren Verschwender nach dem französischen Rechte in der Testirfähigkeit nicht beschränkt, und nach dem preuß. A.L.R. konnten sie über die Hälfte ihres Vermögens verfügen, während das gemeine Recht denselben Standpunkt einnahm, wie das B.G.B. Wegen Widerrufs eines Testaments s. unten §. 2253 Abs. 2 und Note 2.

[3]) Vgl. C.P.O. §§. 647, 645 Note 3, 680 (oben bei B 1). Diese, durch §§. 2230 eingeschränkte Wirkung des Antrags gilt naturgemäß auch für den Entmündigungsantrag wegen Geisteskrankheit, sofern nicht bereits nach §. 104 Nr. 2 Geschäftsunfähigkeit vorliegt, was bei begründeten Anträgen allerdings die Regel sein wird.

4) Für die vor dem 1. Januar 1900 errichteten Testamente gilt E.G. z. B.G.B. Art. 214 Abs. 1:

„Die vor dem Inkrafttreten des Bürgerlichen Gesetzbuchs erfolgte Errichtung oder Aufhebung einer Verfügung von Todeswegen wird nach den bisherigen Gesetzen beurtheilt, auch wenn der Erblasser nach dem Inkrafttreten des Bürgerlichen Gesetzbuchs stirbt."

§. 2230. Hat ein Entmündigter ein Testament errichtet, bevor der die Entmündigung aussprechende Beschluß unanfechtbar geworden ist,[1]) so steht die Entmündigung[2]) der Gültigkeit des Testaments nicht entgegen, wenn der Entmündigte noch vor dem Eintritte der Unanfechtbarkeit stirbt.

Das Gleiche gilt, wenn der Entmündigte nach der Stellung des Antrags auf Wiederaufhebung der Entmündigung ein Testament errichtet und die Entmündigung dem Antrage gemäß wieder aufgehoben wird.[3])[4])

1) Vgl. C.P.O. §§. 664 Abs. 1, 3, 684 Abs. 1, 2.

2) Vgl. B.G.B. §. 2229 Abs. 3. Das Testament ist jedoch ungültig, wenn Geschäftsunfähigkeit nach §§. 104 Nr. 2, 105 Abs. 2 vorgelegen hatte, was aber der Anfechtende zu beweisen hat.

3) Vgl. C.P.O. §§. 675, 679, 685, 686. Der Erfolg des Antrags beweist die Fähigkeit zur Zeit der Testamentserrichtung, s. jedoch auch Note 2.

4) S. noch die Uebergangsbestimmung des E.G. z. B.G.B. Art. 215 Abs. 2:

„Die Vorschriften des §. 2230 des Bürgerlichen

Gesetzbuchs finden auf ein Testament Anwendung, das ein nach dem Inkrafttreten des Bürgerlichen Gesetzbuchs gestorbener Erblasser vor diesem Zeitpunkt errichtet hat."

Vgl. §. 2229 Note 4.

§. 2253. Ein Testament sowie eine einzelne in einem Testament enthaltene Verfügung kann von dem Erblasser jederzeit widerrufen werden.[1])

Die Entmündigung des Erblassers wegen Geistesschwäche, Verschwendung oder Trunksucht steht dem Widerruf eines vor der Entmündigung errichteten Testaments nicht entgegen.[2])

[1]) Vgl. B.G.B. §§. 2255—2257.

[2]) Anders als §. 2229 Abs. 3. Abs. 2 ist ebenfalls erst vom Bundesrathe beigefügt. Im Falle des Widerrufs ist die jener Vorschrift zu Grunde liegende Rücksicht auf die Familie nicht maßgebend. Die Zustimmung des gesetzlichen Vertreters ist gemäß §. 2229 Abs. 1 nicht erforderlich.

c) B.G.B. V. Buch, 4. Abschnitt (Erbvertrag.) §§. 2275, 2282, 2283 Abs. 3, 2284, 2290 Abs. 2, 3, 2292, 2296 Abs. 1.

§. 2275. Einen Erbvertrag kann als Erblasser nur schließen, wer unbeschränkt geschäftsfähig ist.[1])

Ein Ehegatte kann als Erblasser mit seinem Ehegatten einen Erbvertrag schließen, auch wenn er in der Geschäftsfähigkeit beschränkt ist.[2]) Er bedarf in diesem Falle der Zustimmung seines gesetzlichen Vertreters; ist der gesetzliche Vertreter ein Vor-

mund,[3]) so ist auch die Genehmigung des Vormundschaftsgerichts erforderlich.

Die Vorschriften des Abs. 2 gelten auch für Verlobte.[4])

[1]) Ausnahmen s. in Abs. 2 und 3. Die Unfähigkeit entmündigter Geisteskranker ergiebt sich auch schon aus §. 2274 („Der Erblasser kann einen Erbvertrag nur persönlich schließen."). Man unterscheidet beim Erbvertrage (§. 1941) den Erblasser und den anderen Vertragschließenden; für letzteren gelten die allgemeinen Vorschriften über Geschäftsfähigkeit und Vertretung. Gegenstand des Erbvertrags kann sowohl die Einsetzung eines Erben, als auch die Anordnung von Vermächtnissen und Auflagen sein (§. 2278). Als Erbe oder Vermächtnißnehmer kann nicht nur der andere Vertragschließende, sondern auch ein Dritter bedacht werden (vgl. §. 1941 Abs. 2). Wegen der Anfechtung eines Erbvertrags s. unten §. 2282, wegen des Rücktrittes §. 2296.

[2]) Wenn durch den Vertrag nur für einen der Ehegatten ein Erbe bestellt wird, so gilt Abs. 2 nur für diesen Ehegatten; schließen die Ehegatten einen wechselseitigen Erbvertrag (z. B. unter gleichzeitiger Berufung eines Erben für den Längstlebenden — §. 2280), so kann Abs. 2 für beide Ehegatten in Betracht kommen. In Ansehung der Ehefrauen gilt die Vorschrift auch für den Fall der Minderjährigkeit; die hierher gehörigen Fälle ergiebt §. 114.

[3]) oder Pfleger (§. 1915), nicht aber der Inhaber der elterlichen Gewalt über eine minderjährige Ehefrau.

[4]) Vgl. auch §. 2276 Abs. 2. Das französische Recht kannte den Erbvertrag überhaupt nur für Verlobte.

§. 2282. Die Anfechtung[1]) kann nicht durch einen Vertreter des Erblassers erfolgen.[2]) Ist der

Erblasser in der Geschäftsfähigkeit beschränkt, so bedarf er zur Anfechtung nicht der Zustimmung seines gesetzlichen Vertreters.

Für einen geschäftsunfähigen Erblasser kann sein gesetzlicher Vertreter mit Genehmigung des Vormundschaftsgerichts den Erbvertrag anfechten.[3])

Die Anfechtungserklärung bedarf der gerichtlichen oder notariellen Beurkundung.

[1]) Vgl. §. 2281. Die Anfechtungsgründe sind Irrthum, Drohung und unbeabsichtigte Uebergehung eines Pflichttheilsberechtigten (§§. 2078, 2079). Wegen der Frist s. unten §. 2283.

[2]) Ebenso §§. 1336 Abs. 1, 1595 Abs. 1. Regelmäßig handelt es sich (wegen §. 2274) um Fälle der Entmündigung (außer wegen Geisteskrankheit) oder der vorläufigen Vormundschaft.

[3]) Vgl. §§. 1336 Abs. 2 Satz 1, 1595 Abs. 2 Satz 1. Abgesehen vom Falle des §. 104 Nr. 2, gilt dieses nur bei Entmündigung wegen Geisteskrankheit. Wegen der vormundschaftsgerichtlichen Genehmigung vgl. §. 1847 und F.G.G. §. 43 Abs. 2.

§. 2283. Die Anfechtung durch den Erblasser kann nur binnen Jahresfrist erfolgen.

Die Frist beginnt im Falle der Anfechtbarkeit wegen Drohung mit dem Zeitpunkt, in welchem die Zwangslage aufhört, in den übrigen Fällen mit dem Zeitpunkt, in welchem der Erblasser von dem Anfechtungsgrunde Kenntniß erlangt. Auf den Lauf der Frist finden die für die Verjährung geltenden Vorschriften der §§. 203 206 entsprechende Anwendung.

Hat im Falle des §. 2282 Abs. 2 der gesetzliche Vertreter den Erbvertrag nicht rechtzeitig angefochten, so kann nach dem Wegfalle der Geschäftsunfähigkeit der Erblasser selbst den Erbvertrag in gleicher Weise anfechten, wie wenn er ohne gesetzlichen Vertreter gewesen wäre.[1])

[1]) Vgl. oben §§. 1840 und das. Note 1, 1595 Abs. 2 Satz 2 und das. Note 5.

§. 2284. Die Bestätigung eines anfechtbaren Erbvertrags kann nur durch den Erblasser persönlich erfolgen. Ist der Erblasser in der Geschäftsfähigkeit beschränkt, so ist die Bestätigung ausgeschlossen.[1])

[1]) Dasselbe ergiebt sich für den geschäftsunfähigen Erblasser schon aus Satz 1.

§. 2290. Ein Erbvertrag sowie eine einzelne vertragsmäßige Verfügung kann durch Vertrag von den Personen aufgehoben werden, die den Erbvertrag geschlossen haben. Nach dem Tode einer dieser Personen kann die Aufhebung nicht mehr erfolgen.

Der Erblasser kann den Vertrag nur persönlich schließen.[1]) Ist er in der Geschäftsfähigkeit beschränkt, so bedarf er nicht der Zustimmung seines gesetzlichen Vertreters.[2])

Steht der andere Theil unter Vormundschaft, so ist die Genehmigung des Vormundschaftsgerichts erforderlich. Das Gleiche gilt, wenn er unter elterlicher Gewalt steht, es sei denn, daß der Vertrag unter Ehegatten oder unter Verlobten geschlossen wird.[3])[4])

Der Vertrag bedarf der im §. 2276 für den Erbvertrag vorgeschriebenen Form.

[1]) Ebenso §. 2274. S. auch oben §. 2275 Note 1.

²) Vgl. oben §. 2253 Abs. 2 und Note 2 und unten §. 2296 Abs. 1.

³) Vgl. §. 2275 Abs. 2, 3. In diesen Ausnahmefällen ist zum Abschlusse des Erbvertrags nur die Zustimmung des Inhabers der elterlichen Gewalt, nicht aber die Genehmigung des Vormundschaftsgerichts erforderlich.

⁴) §. 2290 Abs. 3 findet nach §. 2292 auch Anwendung auf die Aufhebung des Erbvertrags zwischen Ehegatten durch ein gemeinschaftliches Testament (§§. 2265 ff.).

§. 2296. Der Rücktritt [1]) kann nicht durch einen Vertreter erfolgen. [2]) Ist der Erblasser in der Geschäftsfähigkeit beschränkt, so bedarf er nicht der Zustimmung seines gesetzlichen Vertreters. [3])

Der Rücktritt erfolgt durch Erklärung gegenüber dem anderen Vertragschließenden. Die Erklärung bedarf der gerichtlichen oder notariellen Beurkundung.

¹) Wegen des Rechtes des Erblassers, von dem Erbvertrage zurückzutreten, z. B. wegen Verfehlungen des Bedachten, vgl. §§. 2293—2295.

²) Der Rücktritt eines wegen Geisteskrankheit Entmündigten ist daher überhaupt ausgeschlossen (s. auch §. 2275 Note 1).

³) Vgl. oben §. 2290 Abs. 2 und das. Note 2.

d) B.G.B. V. Buch, 7. Abschnitt (Erbverzicht.) §§. 2347, 2351, 2352. *)

§. 2347. Zu dem Erbverzicht ist, wenn der Verzichtende unter Vormundschaft steht, die Genehmigung des Vormundschaftsgerichts erforderlich; steht er unter elterlicher Gewalt, so gilt das Gleiche,

*) Aus dem 6. Abschnitte (Erbunwürdigkeit) könnte allenfalls §. 2339 Nr. 1 noch hier in Betracht kommen, wenn es gelungen

sofern nicht der Vertrag unter Ehegatten oder unter Verlobten geschlossen wird. [1])

Der Erblasser kann den Vertrag nur persönlich schließen; [2]) ist er in der Geschäftsfähigkeit beschränkt, so bedarf er nicht der Zustimmung seines gesetzlichen Vertreters. Ist der Erblasser geschäftsunfähig, so kann der Vertrag durch den gesetzlichen Vertreter geschlossen werden; die Genehmigung des Vormundschaftsgerichts ist in gleichem Umfange wie nach Abs. 1 erforderlich. [3]) [4])

[1]) Vgl. §§. 2275 Abs. 2, 3, 2290 Abs. 3 und das. Note 3. Wegen des gesetzlichen Erbrechtes des überlebenden Ehegatten s. §. 1931.

[2]) Eine Ausnahme enthält Satz 2.

[3]) Wegen der Genehmigung des Vormundschaftsgerichts s. §. 1847 und F.G.G. §. 43 Abs. 2.

[4]) Abs. 2 findet in Ansehung des Erblassers nach §. 2351 auch auf einen Vertrag Anwendung, durch den ein Erbverzicht aufgehoben wird. Nach §. 2352 findet §. 2347 für beide Vertragschließende Anwendung, wenn durch Vertrag mit dem Erblasser der durch Testament als Erbe Eingesetzte oder ein in einem Erbvertrage bedachter Dritter

---

sein sollte, vorsätzlich eine widerrechtliche Entmündigung des Erblassers herbeizuführen. Ein bloßer Entmündigungsantrag (§§. 2229 Abs. 3 Satz 2, 2230 Abs. 1) macht zur Errichtung des Testaments nicht unfähig; vgl. oben bei II b. Nicht hierher gehört §. 2338 (Enterbung in guter Absicht z. B. wegen Verschwendung des Abkömmlings), da hierbei eine Entmündigung weder die Voraussetzung, noch die Regel bildet. Nach Abs. 2 das. kann aber eine vor dem Anfalle der Erbschaft erfolgte Wiederaufhebung der Entmündigung wegen Verschwendung die Anordnungen des Abs. 1 unwirksam machen.

auf die Zuwendung verzichtet. Für die Aufhebung des Erbvertrages selbst gilt §. 2290.

3. Prozeßrechtliche Vorschriften.

C.P.O. §§. 473 Abs. 2, 477 Abs. 1,*) 612, 641 Abs. 2.

§. 473. Ist eine Partei nicht prozeßfähig, so ist die Zuschiebung oder Zurückschiebung des Eides nur an ihren gesetzlichen Vertreter und nur insoweit zulässig, als die vertretene Partei, wenn sie den Prozeß in Person führte, oder der Vertreter, wenn er selbst Partei wäre, dieselbe zulassen müßte.

Minderjährigen, welche das sechzehnte Lebensjahr vollendet haben, sowie **Volljährigen, welche wegen Geistesschwäche, Verschwendung oder Trunksucht entmündigt sind,** 1) **kann über Thatsachen, die in Handlungen derselben bestehen oder Gegenstand ihrer Wahrnehmung gewesen sind,** 2) **der Eid zugeschoben oder zurückgeschoben werden,** 3) **sofern dies von dem Gericht auf Antrag des Gegners nach den Umständen des Falles für zulässig erklärt wird.** 4) Das Gleiche gilt von einer prozeßfähigen Partei, die in dem Rechtsstreite durch einen Pfleger vertreten wird.

1) Vgl. B.G.B. §§. 6, 114. Wer wegen Geisteskrankheit entmündigt ist, ist nach Abs. 1 unbedingt eidesunfähig, während in Abs. 2 für die aus anderen Gründen Entmündigten eine Ausnahme gemacht wird unter Gleichstellung mit Minderjährigen, die das sechzehnte Lebensjahr vollendet haben. Soweit solche Entmündigte nach B.G.B. §§. 112, 113 und C.P.O. §§. 612, 641 Abs. 2 prozeßfähig sind, sind sie auch eidesfähig (vgl. oben C.P.O. §. 473 Note 1 — bei C. 2 b), sofern nicht der entsprechend anzuwendende §. 393 Nr. 1 C.P.O. zutrifft.

*) Wegen C.P.O. §§. 473 Abs. 3, 477 Abs. 1 s. oben C. 2 b.

Wegen der Zuschiebung oder Zurückschiebung des Eides an den gesetzlichen Vertreter des Entmündigten s. Abs. 1, der eine Erweiterung der Zulässigkeit der Eideszuschiebung enthält (vgl. §. 445).

2) Also nicht über Handlungen ihrer Rechtsvorgänger oder Vertreter (§. 445).

3) Vgl. C.P.O. §§. 451, 452. Den Offenbarungseid hat nur der gesetzliche Vertreter zu leisten. Auf den richterlichen Eid ist §. 473 gemäß §. 471 Abs. 1 (s. das. Note 1 — oben C. 2 b) entsprechend anwendbar und auf den Editionseid gemäß §. 426 Abs. 2.

4) Das Gericht ist also nicht durch den Antrag des Gegners gebunden.

§. 612. In Ehesachen 1) ist ein in der Geschäftsfähigkeit beschränkter Ehegatte 2) prozeßfähig; 3) dies gilt jedoch insoweit nicht, als nach §. 1336 Abs. 2 Satz 2 des Bürgerlichen Gesetzbuchs nur sein gesetzlicher Vertreter die Ehe anfechten kann. 4)

Für einen geschäftsunfähigen Ehegatten wird der Rechtsstreit durch den gesetzlichen Vertreter 5) geführt. Der gesetzliche Vertreter ist jedoch zur Erhebung der Klage auf Herstellung des ehelichen Lebens nicht befugt; 6) zur Erhebung der Scheidungsklage oder der Anfechtungsklage bedarf er der Genehmigung des Vormundschaftsgerichts. 7)

1) Dies sind nach §. 606 die Rechtsstreitigkeiten, welche die Scheidung, Nichtigkeit oder Anfechtung einer Ehe oder die Feststellung des Bestehens oder Nichtbestehens einer Ehe zwischen den Parteien oder die Herstellung des ehelichen Lebens zum Gegenstande haben.

2) Also, abgesehen von dem Falle der Minderjährigkeit der Ehefrau, ein wegen Geistesschwäche, Verschwendung oder Trunksucht entmündigter oder ein unter vorläufige

Vormundschaft gestellter Ehegatte (sofern nicht im letzteren Falle bei Geisteskrankheit B.G.B. §. 104 Nr. 2 zutrifft).

[3]) Auch eidesfähig (s. oben §. 473 Note 1). Die Vorschrift entspricht insbesondere dem §. 1336 Abs. 1 B.G.B. und verallgemeinert den dort bereits aufgestellten Grundsatz mit einer dem §. 1336 Abs. 2 Satz 2 entnommenen Ausnahme (s. oben — bei D I b — §§. 1336 Note 4, 1331 Note 1). Zustimmung des gesetzlichen Vertreters ist nicht erforderlich.

[4]) Vgl. auch §. 1337 B.G.B.

[5]) Vgl. B.G.B. §. 104 Nr. 2, 3. Gesetzlicher Vertreter in den die Sorge für die Person betreffenden Angelegenheiten ist (außer dem Inhaber der elterlichen Gewalt über eine geisteskranke Frau) nur der Vormund oder Pfleger (§. 1909) des Entmündigten. Wird die Klage gegen den wegen Geisteskrankheit Entmündigten erhoben (z. B. B.G.B. §. 1569), so versteht es sich von selbst, daß der Rechtsstreit durch den Vertreter geführt wird. Satz 2 regelt die Befugniß des Vertreters zur Klagerhebung.

[6]) Nur diese Klage ist für den wegen Geisteskrankheit Entmündigten (nicht auch gegen ihn) ausgeschlossen.

[7]) Vgl. B.G.B. §§. 1336 Abs. 2 Satz 1, 1847 und wegen der Zuständigkeit des Vormundschaftsgerichts F.G.G. §. 43 Abs. 2. Die Klage auf Scheidung oder Anfechtung soll nicht gegen den muthmaßlichen Willen des Entmündigten erhoben werden.

§. 641. Wird die Ehelichkeit eines Kindes oder die Anerkennung der Ehelichkeit von dem Ehemanne der Mutter durch Erhebung der Anfechtungsklage angefochten,[1]) so finden die Vorschriften der §§. 607, 613, des §. 617 Abs. 1, 2, der §§. 618, 619, des §. 622 Abs. 1 und der §§. 625, 626, 628 entsprechende Anwendung.

Der Ehemann ist prozeßfähig, auch wenn er in der Geschäftsfähigkeit beschränkt ist.[2]) Für einen geschäftsunfähigen Ehemann wird der Rechtsstreit durch den gesetzlichen Vertreter geführt;[3]) der gesetzliche Vertreter kann die Anfechtungsklage nur mit Genehmigung des Vormundschaftsgerichts erheben.[4])

Mit der einen Anfechtungsklage kann nur die andere Anfechtungsklage verbunden werden. Eine Widerklage kann nicht erhoben werden.

[1]) Für die sonstigen Kindschaftssachen (§§. 640, 644) gelten in Ansehung der Prozeßfähigkeit die allgemeinen Grundsätze.

[2]) Entsprechend §. 612 Abs. 1 (s. das. Note 2). Vgl. B.G.B. §§. 1595 Abs. 1 (oben bei II 1 e), 1599.

[3]) Vgl. B.G.B. §. 1595 Abs. 2 Satz 1 und C.P.O. §. 612 Note 5.

[4]) S. a. a. O. Note 7.

E. Anhang.

Allgemeine Verfügung des preußischen Justizministers vom 28. November 1899 über das Verfahren bei Entmündigungen wegen Geisteskrankheit oder wegen Geistesschwäche (Justiz-Ministerial-Blatt 1899 S. 338).

Bürgerliches Gesetzbuch §. 6 Nr. 1.*)
Civilprozeßordnung §§. 645—679 **)

I. Thätigkeit der Staatsanwaltschaft.

§. 1. Die Staatsanwaltschaft hat darüber zu wachen, daß beim Vorhandensein der gesetzlichen

*) S. oben A 1.
**) S. oben bei B 1.

Voraussetzungen (§. 2) die Entmündigung eines der Fürsorge bedürftigen Geisteskranken oder Geistesschwachen erfolgt, und daß Personen, bezüglich deren die bezeichneten Voraussetzungen nicht gegeben sind, nicht entmündigt werden, daß auch eine Entmündigung beim Wegfall ihres Grundes wieder aufgehoben wird.

Zu diesem Zwecke hat die Staatsanwaltschaft selbständig die geeigneten Anträge zu stellen und von einem auf Antrag eines anderen Berechtigten eingeleiteten Verfahren fortlaufend Kenntniß zu nehmen.

§. 2. Entmündigt kann werden, wer in Folge von Geisteskrankheit oder von Geistesschwäche seine Angelegenheiten nicht zu besorgen vermag (B.G.B. §. 6 Nr. 1). Unter Angelegenheiten sind nicht nur Vermögensangelegenheiten, sondern die gesammten Lebensverhältnisse, z. B. auch die Sorge für die eigene Person, die Sorge für Angehörige, die Erziehung der Kinder u. dgl., zu verstehen.

Aus einem anderen als dem bezeichneten Grunde darf die Entmündigung nicht erfolgen, insbesondere nicht lediglich aus polizeilichen Rücksichten oder im ausschließlichen Interesse anderer Personen.

§. 3. Die von den Vorstehern öffentlicher und privater Irrenanstalten eingehenden Anzeigen über die Aufnahme Geisteskranker und Geistesschwacher sind einer sorgfältigen Prüfung zu unterziehen. Auch ohne eine solche Anzeige hat die Staatsanwaltschaft in den etwa zu ihrer Kenntniß gelangenden Fällen von Geisteskrankheit oder von Geistesschwäche zu erwägen, ob Anlaß zu einer Entmündigung vorliegt.

Sämmtliche Justizbehörden werden angewiesen, in den zu ihrer Kenntniß gelangenden Fällen von Geisteskrankheit oder von Geistesschwäche, in welchen sie den Anlaß zu einer Entmündigung als gegeben erachten, dem zuständigen Ersten Staatsanwalte Mittheilung zu machen.

Die Staatsanwaltschaft hat nöthigenfalls die zur Entschließung über die Stellung des Entmündigungsantrags erforderlichen Ermittelungen ihrerseits anzustellen.

§. 4. Die Stellung des Antrags auf Entmündigung kann ausgesetzt werden, wenn der Geisteskranke oder Geistesschwache noch nicht als unheilbar erkannt ist insbesondere wenn eine baldige Genesung zu erwarten steht. Dies gilt auch von den in Irrenanstalten untergebrachten Personen. Jedoch darf der Antrag nicht verzögert werden, wenn die Besorgniß einer sachlich nicht gerechtfertigten Beschränkung der persönlichen Freiheit durch Unterbringung in einer Anstalt obwaltet.

§. 5. Sind andere Antragsberechtigte (C.P.O. §. 646 Abs. 1) im Inlande vorhanden, so hat die Staatsanwaltschaft, wenn nicht Gefahr im Verzuge obwaltet, zunächst zu ermitteln, ob einer von diesen zur Stellung des Antrags bereit ist, und nur, wenn dies nicht der Fall ist oder die Antragstellung ungebührlich verzögert wird, selbst den Antrag zu stellen.

§. 6. Ist die Entmündigung von der Staatsanwaltschaft beantragt, so hat diese das Verfahren zu betreiben, sich fortlaufend von dem Gange der Sache in Kenntniß zu erhalten, die der Sachlage entsprechenden Anträge zu stellen und nöthigenfalls von den zulässigen Rechtsmitteln Gebrauch zu machen. Sie hat auch thunlichst den Terminen, insbesondere dem Termine zur Vernehmung des zu Entmündigenden*) beizuwohnen, sofern es sich nicht um die Entmündigung einer in einer öffentlichen Anstalt untergebrachten Person handelt, deren Geisteskrankheit oder Geistesschwäche unbedenklich als vorhanden angenommen werden kann.

§. 7. Ist die Entmündigung von einem anderen Berechtigten beantragt, so hat die Staatsanwaltschaft, sobald sie davon, sei es durch Mittheilung des Gerichts (§. 11), sei es auf andere Weise, Kenntniß erhält, die Sachlage, nöthigenfalls unter Einsicht der Akten, zu prüfen und sachdienliche Anträge insbesondere über Art und Umfang der Beweisaufnahme, zu stellen, wenn dies nach ihrer im §. 1 bezeichneten Aufgabe angemessen erscheint.

Ob es zweckmäßig ist, daß ein Vertreter der Staatsanwaltschaft den Terminen beiwohnt, ist nach Lage des Einzelfalls und unter Rücksichtnahme auf die etwa dadurch den Parteien zur Last fallenden Reisekosten zu entscheiden.

---

*) S. C.P.O. §§ 654, 671 Abs. 1, 676 Abs. 3, 679 Abs. 4.

Vor der Beschlußfassung des Gerichts über die Entmündigung hat die Staatsanwaltschaft sich in jedem Falle gutachtlich zu äußern; die Aeußerung ist binnen einer Woche nach Vorlegung der Akten (§. 13) zu erstatten.

Wird der Antrag zurückgenommen, so hat die Staatsanwaltschaft nöthigenfalls durch Stellung eines neuen Antrags dem Verfahren Fortgang zu geben, falls sie die Voraussetzungen der Entmündigung als gegeben erachtet.

§. 8. Erachtet die Staatsanwaltschaft die Anordnung einer vorläufigen Vormundschaft (B.G.B. §. 1906)*) im Interesse des zu Entmündigenden für geboten, so hat sie diese bei dem Vormundschaftsgericht in Anregung zu bringen und im Falle einer ablehnenden Entscheidung geeignetenfalls die Beschwerde einzulegen. (F.G.G. §. 57 Nr. 2).**)

§. 9. Von jedem über eine Entmündigung ergehenden Beschlusse hat die Staatsanwaltschaft sofort nach der Zustellung (C.P.O. § 659) dem Vorsteher der Anstalt, in welcher der zu Entmündigende untergebracht ist, Nachricht zu geben und ihm den Namen des etwa bestellten vorläufigen Vormundes zu bezeichnen.

§. 10. Erfolgt in einer Entmündigungssache die Ueberweisung der Verhandlung und Entscheidung an ein Amtsgericht, dessen Sitz in einem anderen

---

*) S. oben bei C 1.

**) S. oben bei C. 3

Landgerichtsbezirke liegt (C.P.O. §§. 650, 651), so sind die Akten an die dort zuständige Staatsanwaltschaft abzugeben.

II. Thätigkeit des Gerichts.

§. 11. Das Gericht hat der Staatsanwaltschaft Mittheilung zu machen:*)

1. von der Einleitung des Entmündigungsverfahrens;
2. von einer nach §§. 650, 651 C.P.O. erfolgten Ueberweisung der Verhandlung und Entscheidung an ein anderes Gericht;
3. von allen Terminen und zwar so zeitig, daß die Theilnahme eines Vertreters der Staatsanwaltschaft in dem Termine möglich ist.

Auch von wichtigen Vorkommnissen im Laufe eines Entmündigungsverfahrens ist der Staatsanwaltschaft Kenntniß zu geben.

Außerdem muß nach §. 656 Abs. 1 C.P.O. die Staatsanwaltschaft gehört werden, bevor über die Unterbringung des zu Entmündigenden in einer Heilanstalt Entscheidung getroffen wird.

§. 12. Die Mittheilungen (§. 11) erfolgen, wenn die Staatsanwaltschaft sich am Sitze des Amtsgerichts befindet, in allen Fällen, im übrigen, soweit es ohne Verzögerung der Sache möglich ist, durch Vorlegung der Akten, sonst durch Benachrichtigungsschreiben des Richters.

*) Vgl. C.P.O. §. 652.

Die Staatsanwaltschaft kann auch in anderen als den im §. 11 bezeichneten Fällen von den Akten Einsicht nehmen und aus ihnen Abschriften sich ertheilen lassen.

§. 13. Erachtet das Gericht die Ermittelungen für abgeschlossen, so hat es vor der Beschlußfassung über den Antrag auf Entmündigung die Akten der Staatsanwaltschaft zur Aeußerung (§. 7 Abs. 3) vorzulegen

§. 14. Bei den Ermittelungen in Entmündigungssachen wird den Amtsgerichten die Beachtung nachstehender Punkte empfohlen:

1. Mündlich von Sachverständigen abgegebene Gutachten sind vollständig, nicht bloß ihrem Ergebnisse nach und nicht bloß insoweit, als der Richter dies für die Erlangung seiner persönlichen Ueberzeugung erforderlich hält, zu den Akten festzustellen.
2. Die Wahl der Sachverständigen ist in erster Linie auf solche Personen zu richten, welche auf dem Gebiete der Irrenheilkunde den Ruf besonderer Erfahrung besitzen. Sind solche Personen nicht zu erreichen, so ist die Wahl, wenn möglich, auf einen Kreisphysikus (Kreisarzt) oder wenigstens auf einen zu diesem Amte geprüften Arzt zu richten.
3. Den Sachverständigen ist die Ladung zu dem Termine so zeitig zuzustellen, daß sie sich, wenn nöthig, schon vorher durch Besuche, Nachfragen oder sonst über den Geisteszustand des

zu Entmündigenden ein sicheres Urtheil bilden können. Eine Frist von sechs Wochen wird in den meisten Fällen hierzu ausreichen. Zu demselben Zwecke ist den Sachverständigen auch, soweit dies angängig, Einsicht in die Akten zu gestatten.

4. Die Vernehmung des zu Entmündigenden*) erfolgt in der Regel an seinem Wohnort oder seinem Aufenthaltsorte, geeignetenfalls in der Wohnung oder der Anstalt.

5. Unterbleibt die persönliche Vernehmung des zu Entmündigenden (C.P.O. §. 654 Abs. 3), so ist der Grund hierfür aktenkundig zu machen.

§. 15. Abschrift eines jeden in einer Entmündigungssache erstatteten schriftlichen oder mündlich abgegebenen und zu den Akten festgestellten Gutachtens ist mit möglichster Beschleunigung dem Regierungspräsidenten einzusenden. Dem Gutachten ist eine Abschrift des Protokolls über die persönliche Vernehmung des zu Entmündigenden oder des Vermerkes über die Gründe, aus denen die Vernehmung unterblieben ist (§. 14 Nr. 5), beizufügen.

§. 16. Wegen der Theilnahme eines Abgeordneten oder Bevollmächtigten der russischen Botschaft oder eines russischen Konsulats an den Terminen in Sachen, welche die Entmündigung russischer Staatsangehörigen betreffen, bewendet es bei der allgemeinen Verfügung vom 11. Dezember 1860 (Just.-Minist.-Bl. S. 459).

---

*) C.P.O. §§. 654, 671 Abs. 1, 676 Abs. 3, 679 Abs. 4.

§. 17. In dem Verfahren wegen Entmündigung einer Militärperson des aktiven Dienststandes*) ist der vorgesetzten Militärbehörde des zu Entmündigenden von der Einleitung des Verfahrens und von der Entscheidung über den Antrag auf Entmündigung Mittheilung zu machen.

III. Allgemeine Vorschriften.

§. 18. Auf schleunige Erledigung der Anträge auf Entmündigung ist thunlichst Bedacht zu nehmen.

§. 19. Die §§. 1, 2, 3 Abs. 3, die §§. 5 bis 7, 9 bis 18 finden in dem Verfahren, betreffend die Wiederaufhebung einer Entmündigung, entsprechende Anwendung.

§. 20. Wegen der Behandlung der in Entmündigungssachen der Staatskasse zur Last fallenden Kosten bewendet es bei der Allgemeinen Verfügung vom 18. November 1893 (Just.-Minist.-Bl. S. 330).

§. 21. Die Verfügung vom 16. Oktober 1826 (v. Kamptz, Jahrb. Bd. 28. S. 296) sowie die Allgemeinen Verfügungen vom 4. März 1839 (Just.-Minist.-Bl. S. 102), 3. Februar 1840 (Just.-Minist.-Bl. S. 69), 10. Februar 1880 (Just.-Minist.-Bl. S. 28), 27. November 1882 (Just.-Minist.-Bl. S. 372), 10. Mai 1887 (Just.-Minist.-Bl. S. 129) und 8. August 1894 (Just.-Minist.-Bl. S. 241) werden aufgehoben.

§. 22. Diese Verfügung tritt am 1. Januar 1900 in Kraft.

---

*) Vgl. R.Militär-Ges. v. 2. Mai 1874 (R.G.Bl. S. 174) §. 38 A.

Sachregister.

(Die Zahlen bedeuten die Seiten.)

U.

V.

W.

Z.

Druck von A. W. Hayn's Erben in Berlin und Potsdam.

6. **Reichs-Gewerbe-Ordnung** nebst Ausführungsbestimmungen, den Bestimmungen über den Arbeiterschutz, der Organisation des Handwerks und des Lehrlingswesens. Von Dr. **Wilhelmi,** Geh. Ober-Regierungsrath. Fünfzehnte Auflage. 2 M. 80 Pf.

7. Die deutsche **Post- und Telegraphen-Gesetzgebung.** Von Dr. **P. D. Fischer,** Unterstaatssekretär im Reichs-Postamt. Vierte Auflage. 2 M. 60 Pf.

8. Die Reichsgesetze über den **Unterstützungswohnsitz,** die **Freizügigkeit,** den **Erwerb** und **Verlust** der **Bundes- und Staatsangehörigkeit,** nebst allen landesgesetzlichen Bestimmungen. Von Geheimrath Dr. **J. Krech.** Vierte Auflage. 2 M. 25 Pf.

9a. Sammlung **kleinerer privatrechtlicher Reichsgesetze.** Von **F. Vierhaus,** Geh. Ober-Justizrath. Zweite Auflage in Vorbereitung.

9b. Sammlung **kleinerer strafrechtlicher Reichsgesetze.** Von **M. Werner,** Geh. Ober-Regierungsrath. Zweite Auflage im Druck.

10. Das **Reichsbeamtengesetz** vom 31. März 1873 und seine Ergänzungen. Erläutert von **J. Pieper,** Geh. Ober-Regierungsrath. 3 M. 30 Pf.

11. **Civilprozeßordnung mit Einführungsgesetzen,** Nebengesetzen und Ergänzungen in der Fassung des Gesetzes vom 17. Mai 1898. Unter besonderer Be-

rücksichtigung der Entscheidungen des Reichsgerichts herausgegeben mit Anmerkungen von **R. Sydow**, Direktor im Reichs-Postamt und **L. Busch**, Kammergerichtsrath. Achte Auflage. 8°. Geb. 4 M.

Dieser Band ist in größerem Format erschienen!

12. **Strafprozeßordnung nebst Gerichtsverfassungsgesetz** in der vom 1. Januar 1900 ab geltenden Fassung, **nebst dem Gesetz, betreffend die Entschädigung der im Wiederaufnahmeverfahren freigesprochenen Personen.** Von **A. Hellweg**, Reichsgerichtsrath. Zehnte Auflage. Geb. in ganz Leinen 2 M.

13. **Konkursordnung und Anfechtungsgesetz** mit Einführungsgesetz, Nebengesetzen und Ergänzungen. Unter besonderer Berücksichtigung der Entscheidungen des Reichsgerichts herausgegeben mit Anmerkungen von **R. Sydow** und **L. Busch.** Achte Auflage. Geb. 1 M. 80 Pf.

14. **Gerichtsverfassungsgesetz** mit Einführungsgesetz und Nebengesetzen. Herausgegeben von **R. Sydow** und **L. Busch.** Achte Auflage. 1 M. 20 Pf.

15. **Gerichtskostengesetz und Gebührenordnung für Gerichtsvollzieher, Gebührenordnung für Zeugen und Sachverständige.** Mit Kostentabellen. Von **R. Sydow** und **L. Busch.** Sechste Auflage in Vorbereitung.

16. **Rechtsanwaltsordnung** für das Deutsche Reich. Von **R. Sydow.** Vierte Auflage bearbeitet von Gerichtsassessor Dr. **Mosler.**

17. Die **deutsche Gebührenordnung für Rechtsanwälte und das preußische Gebührengesetz** vom 27. September/6. October 1899. Herausgegeben mit Kostentabellen von **R. Sydow** und **L. Busch.** Sechste erweiterte Auflage. Geb. 1 M. 50 Pf.

18. **Reichsstempelgesetz (Börsensteuergesetz)** mit Ausführungsvorschriften, Tabellen, den Entscheidungen der Verwaltungsbehörden und des Reichsgerichts. Siebente Auflage von **P. Loeck,** Regierungs-Assessor. 3 M. 30 Pf.

19. Die **Seegesetzgebung.** Nebst den Entscheidungen des Reichsoberhandelsgerichts, des Reichsgerichts und der Seeämter. Von Dr. **W. E. Knitschky,** Landgerichtsrath. Zweite Auflage. 3 M. 80 Pf.

20. **Krankenversicherungsgesetz** vom 10. April 1892. Von Dr. **E. von Woedtke,** Direktor im Reichsamt des Innern. Siebente Auflage. 2 M.

21. Die **Konsulargesetzgebung** des Deutschen Reiches. Von Professor Dr. **Ph. Zorn.** Vergriffen.

22a. **Patentgesetz. Gesetz, betreffend den Schutz von Gebrauchsmustern. Gesetz, betreffend das Urheberrecht an Mustern und Modellen.** Nebst Ausführungsbestimmungen. Unter Berücksichtigung der Rechtsprechung des Reichsgerichts und der Praxis des Patentamts. Von Dr. **R. Stephan,** Geh. Regierungsrath, Abtheilungs-Vorsitzenden des Kaiserlichen Patentamts. Fünfte vermehrte Auflage. Geb. 2 M.

22b. **Gesetz zum Schutz der Waarenbezeichnungen.** Nebst Ausführungsbestimmungen. Von Dr. **R. Stephan,** Regierungsrath. Vierte vermehrte Auflage. 1 M.

23. **Unfallversicherungsgesetz** und Gesetz über die Ausdehnung der Unfall- und Krankenversicherung. Von Dr. **E. von Woedtke,** Direktor im Reichsamt des Innern. Fünfte Auflage. 2 M.

24. **Aktiengesellschaft und Kommanditgesellschaften auf Aktien.** Mit erläuternden Anmerkungen von Geh. Justizrath **Hugo Keyßner** und Rechtsanwalt Dr. **H. Veit Simon.** Fünfte Auflage. Handelsgesetzbuch, II. Buch, Abschnitt 3 und 4 bearbeitet von Dr. **Hugo Keyssner** u. **L. Keyssner.** Geb. 2 M. 25 Pf.

25. Reichsgesetz wegen **Erhebung der Brausteuer** vom 31. Mai 1872 mit Ausführungsvorschriften. Von **E. Bertho,** Regierungsrath. 1 M. 60 Pf.

26. Die Reichsgesetzgebung über **Münz- und Notenbankwesen,** Papiergeld, Prämienpapiere und Reichsanleihen. Von Dr. jur. **R. Koch,** Präsident des Reichsbankdirektoriums. Dritte Auflage. 2 M. 80 Pf.

27. Reichsgesetzgebung, betr. das **Gesundheitswesen** für Behörden, Aerzte rc. Von Dr. jur. **C. Goesch** und Dr. med. **J. Karsten.** 1 M. 60 Pf.

28. Reichsgesetz, betr. die **Unfallversicherung der bei Bauten beschäftigten Personen.** Zweite Auflage. Unter Berücksichtigung der Rechtsprechung des Reichs-Versicherungsamts bearbeitet von **R. Chrzescinski,** Kaiserl. Regierungsrath. 1 M. 60 Pf.

29. Reichsgesetz, betr. die **Erwerbs- und Wirthschaftsgenossenschaften.** In der vom 1. Januar 1900 ab geltenden Fassung. Von **L. Parisius** und Dr. **H. Crüger.** Achte Auflage. Geb. 1 M. 50 Pf.

30. **Invalidenversicherungsgesetz** in der Fassung vom 19. Juli 1899. Nebst Ausführungsbestimmungen. Von Dr. **E. v. Woedtke,** Director im Reichsamt des Innern. Siebente Auflage. Geb. 2 M. 50 Pf.

31. Reichsgesetz, betr. die **Gewerbegerichte.** Von **L. Mugdan.** Vierte Auflage. Bearbeitet von **Cuno,** Stadtrath und stellvertretender Vorsitzender des Gewerbegerichts zu Königsberg i. Pr. 1 M. 80 Pf.

32. Reichsgesetz, betr. die **Gesellschaften mit beschränkter Haftung.** In der vom 1. Januar 1900 ab geltenden Fassung. Von **L. Parisius** und Dr. **H. Crüger.** Vierte vermehrte und verbesserte Auflage. 1 M.

33. Das **Vereins- und Versammlungsrecht** in Deutschland. Von Dr. **E. Ball,** Rechtsanwalt. 2 M. 25 Pf.

34. Reichsgesetz, betreffend die **Abzahlungsgeschäfte.** Vom 16. Mai 1894. Von **J. Hoffmann,** Geheimer Regierungsrath. 95 Pf.

35. Die **Reichs-Eisenbahngesetzgebung.** Von **W. Coermann,** Kaiserl. Amtsrichter. 2 M. 25 Pf.

36. Gesetze, betr. die **privatrechtlichen Verhältnisse der Binnenschiffahrt und der Flößerei.** Nach den Materialien erläutert von **H. Makower.** Unter Berücksichtigung der am 1. Januar 1900 in Kraft tretenden Reichsgesetze bearbeitet von **E. Löwe,** Landgerichtsrath. Zweite veränderte Auflage. 2 M.

37. **Gesetz zur Bekämpfung des unlauteren Wettbewerbes.** Vom 27. Mai 1896. Von Dr. **R. Stephan,** Regierungsrath. Zweite Auflage. 80 Pf.

38/39. **Bürgerliches Gesetzbuch nebst Einführungsgesetz.** In Verbindung mit Professor Dr. **André,** Amtsgerichtsrath **Greiff,** Amtsrichter **Ritgen,** Landgerichtsrath Dr. **Unzner** herausgegeben von Reichsgerichtsrath Dr. **A. Achilles.** Zweite vermehrte Auflage. 8°. Geb. 5 M. 50 Pf.

Dieser Band ist in größerem Format erschienen!

40. Gesetz, betr. die **Pflichten der Kaufleute bei Aufbewahrung fremder Werthpapiere (Depotgesetz).** Mit Erläuterungen, Einleitung und Sachregister. Von **F. Lusensky,** Geh. Regierungsrath. 90 Pf.

41. **Börsengesetz.** Vom 22. Juni 1896. Nebst den dazu erlassenen Ausführungsbestimmungen. Unter Mitwirkung des Geh. Ober-Regierungsrathes **A. Wermuth** bearbeitet von **H. Brendel,** Gerichts-Assessor, Hülfsarbeiter im Reichsamt des Innern. 1 M. 50 Pf.

42. **Grundbuchordnung** für das Deutsche Reich nebst den preußischen Ausführungsbestimmungen. Mit Einleitung von Professor Dr. **O. Fischer.** Zweite Auflage. Geb. 1 M. 80 Pf.

43. Die Gesetzgebung, betr. die **Zwangsvollstreckung in das unbewegliche Vermögen** im Reiche und in Preußen. Mit Einleitung, Kosten- und Gebührentabellen. Von Dr. **J. Krech,** Kaiserl. Geh. Regierungsrath und Professor Dr. **O. Fischer.** Zweite vermehrte Auflage. Geb. 2 M.

44. Das Reichsgesetz über das **Auswanderungswesen** vom 9. Juni 1897 nebst Ausführungsverordnungen und Anlagen. Nach den Materialien und unter Benutzung amtlicher Quellen erläutert von Professor Dr. **Felix Stoerk.** 2 M. 25 Pf.

45. **Das Entmündigungsrecht** unter Mitberücksichtigung der für Preußen geltenden Vorschriften (nebst der preußischen Justiz-Ministerial-Verfügung vom 28. November 1899). Text der civil- und prozeßrechtlichen Bestimmungen und Erläuterungen von Landrichter Dr. **P. Koll** in Cöln. Geb. 1 M. 50 Pf.

46. Die Gesetze des Reichs und Preußens über die **freiwillige Gerichtsbarkeit.** Mit Einleitung und Erläuterungen von **Herm. Jastrow,** Amtsgerichtsrath. Zweite erweiterte Ausgabe. Im Druck.

47. Das **deutsche Vormundschaftsrecht** und das preuß. Gesetz, betr. die Unterbringung verwahrloster Kinder vom 13. März 1878 nebst den dazu gehörigen Nebengesetzen und allgemeinen Verfügungen. Mit Einleitung und Erläuterungen von **Max Schultzenstein,** Oberverwaltungsgerichtsrath und Amtsgerichtsrath Dr. **Paul Köhne.** 2 M. 80 Pf.

48. Gesetze und Verordnungen, betreffend den **Drogen-, Gift- und Farbenhandel** außerhalb der Apotheken unter besonderer Berücksichtigung des Königreichs Preußen. Von Dr. **Broh,** Rechtsanwalt. 1 M. 25 Pf.

49. Die **Kolonialgesetzgebung.** Von Prof. Dr. **Philipp Zorn.** (In Vorbereitung.)

50. **Der Viehkauf** (Viehgewährschaft) nach dem Bürgerlichen Gesetzbuche von Rechtsanwalt Dr. **Hans Stölzle.** Nebst Anhang: Verordn. betr. Hauptmängel und Gewährsfristen beim Viehhandel. Erläutert von Kreisthierarzt **H. Weiskopf.** Zweite Auflage. Geb. 2 M.

51. **Hypothekenbankgesetz** vom 18. Juli 1899. Von Dr. **Heinrich Göppert,** Gerichts-Assessor. Geb. in ganz Leinen 1 M. 80 Pf.

52. Gesetz, betreffend die gemeinsamen **Rechte der Besitzer von Schuldverschreibungen.** Vom 4. Dezember 1899. Von Dr. **Heinrich Göppert.** In Vorbereitung.

53. **Reichspreßgesetz** vom 7. Mai 1874 nebst den einschlägigen Bestimmungen des Reichsstrafgesetzbuchs, der Gewerbeordnung u. s. w. Kommentar von **A. Born,** Polizeiassessor. Geb. 1 M. 50 Pf.

54. Die Reichsgesetzgebung über den Verkehr mit **Nahrungsmitteln, Genußmitteln** und **Gebrauchsgegenständen.** Von Dr. **Lebin,** Nahrungsmittelchemiker. In Vorbereitung.

Preußische Gesetze.

1. **Verfassungs-Urkunde** für den Preußischen Staat nebst Ergänzungs- und Ausführungs-Gesetzen. Mit Einleitung und Kommentar von Prof. Dr. **Adolf Arndt.** Dritte Auflage. 2 M. 25 Pf.

2. Preußische **Beamten-Gesetzgebung.** Enthaltend die wichtigsten Beamtengesetze in Preußen. Von **C. Pfafferoth.** Dritte Auflage. 1 M. 50 Pf.
3. Die **Zwangsvollstreckung in das unbewegliche Vermögen.** Von Geh. Rath Dr. **J. Krech,** und Prof. Dr. **O. Fischer.** » Siehe Reichsgesetz Nr. 43. «
4. Die **Gebührenordnung** für **Notare.** Von **R. Sydow.** Zweite Auflage herausgegeben von Gerichtsassessor Dr. **Mosler.** Im Druck.
5. **Gesetz** vom **24. April 1854 (betr. die außereheliche Schwängerung)** und die daneben geltenden Bestimmungen des Allgemeinen Landrechts. Von Dr. **Schulze.** 75 Pf.
6. Die Preußischen **Ausführungsgesetze und Verordnungen zu den Reichs-Justizgesetzen.** Von **R. Sydow.** Dritte vermehrte Auflage. 2 M. 40 Pf.
7. **Allg. Gerichtsordnung** und Preuß. **Konkursordnung.** Von **F. Vierhaus,** Geh. Ober-Justizrath. 2 M. 50 Pf. Vergriffen.
8. **Vormundschaftsordnung** vom 5. Juli 1875, nebst allen Nebengesetzen. Von Oberverwaltungsgerichtsrath **Schultzenstein.** » Siehe Reichsgesetz Nr. 47. «
9. Die Preußische **Grundbuchgesetzgebung.** Von Prof. Dr. **Fischer.** » Siehe Reichsgesetz Nr. 42. «
10. **Einkommensteuergesetz.** Vom 24. Juni 1891. Von Geheimrath **Meitzen.** Vierte vermehrte Auflage von **A. Fernow,** Ober-Regierungsrath. 1 M. 50 Pf.

11. **Gewerbesteuergesetz.** Vom 24. Juni 1891. Von **A. Fernow,** Ober-Regierungsrath. Dritte vermehrte Auflage. 1 M. 25 Pf.
12. **Allgemeines Berggesetz** für die Preußischen Staaten. Von **E. Engels,** Ober-Bergrath. Zweite Auflage. 1 M. 60 Pf.
13. **Ergänzungssteuergesetz** (Vermögenssteuergesetz). Vom 14. Juli 1893. Von **A. Fernow,** Ober-Regierungsrath. Zweite vermehrte Auflage. 1 M.
14. **Kommunalabgabengesetz.** Vom 14. Juli 1893, und Gesetz wegen Aufhebung direkter Staatssteuern. Vom 14. Juli 1893. Von **F. Adickes,** Oberbürgermeister. Zweite Auflage. 1 M. 25 Pf.
15. Die **Kreisordnungen** für den Preußischen Staat. Von **O. Kolisch,** Landgerichtsrath. 4 M.
16. Preuß. Ausführungs-Anweisung zu §§. 16 u. ff. der Reichs-Gewerbe-Ordnung, betr. **Genehmigung gewerblicher Anlagen.** Von Dr. **von Rüdiger,** Regierungs- und Gewerberath. 1 M. 50 Pf.
17. **Preußisches Gerichtskostengesetz.** In der Fassung der Bekanntmachung vom 6. Oktober 1899. Mit Kostentabellen. Von Dr. **P. Siméon,** Landrichter. Dritte Auflage. Geb. in ganz Leinen. 1 M. 80 Pf.
18. **Preußisches Stempelsteuergesetz.** Vom 31. Juli 1895. Nebst den Ausführungsbestimmungen und ausführlichen Tabellen. Von **B. Gaupp,** Geh. Regierungsrath und Regierungsassessor **P. Loeck.** Vierte Auflage. 3 M. 30 Pf.

19. **Jagdscheingesetz.** Vom 31. Juli 1895. Mit ausführlichen Erläuterungen nebst der Ausführungsanweisung vom 2. August 1898 und den Gesetzbuchmaterialien. Von **F. Kunze,** Wirklichem Geh. Ober-Reg.-Rath. Zweite Auflage. Geb. 2 M.

20. Gesetz, betr. die **Erbschaftssteuer.** Vom 19./24. Mai 1891 unter Berücksichtigung der Novelle vom 31. Juli 1895. Mit ausführlichen Erläuterungen von **P. Loeck,** Regierungsassessor. 1 M. 80 Pf.

21. Gesetz über die **Handelskammern.** Vom 19. August 1897. Mit Erläuterungen, geschichtlicher Einleitung sowie einer Uebersicht des Bestandes der kaufmännischen Vertretungen. Von **F. Lusensky,** Geh. Regierungsrath und vortragender Rath im Ministerium für Handel und Gewerbe. 3 M.

22. Gesetz, betr. **Anstellung und Versorgung der Kommunalbeamten.** Vom 30. Juli 1899. Mit einem Anhang, enthaltend die Ministerialanweisung vom 12. October 1899. Von Dr. **W. Ledermann,** Magistratsassessor zu Berlin. 1 M. 25 Pf.

23. **Ausführungsgesetz zum Bürgerlichen Gesetzbuche.** Von Landrichter Dr. **P. Siméon.** 1 M. 60 Pf.

24. Die **Hinterlegungsordnung** vom 14. März 1879 in der Fassung des preußischen Ausführungsgesetzes zum Bürgerlichen Gesetzbuch vom 20. September 1899. Nebst Ausführungsbestimmungen. Unter Benutzung der amtlichen Entscheidungen und Erlasse des Finanzministers. Von Regierungsassessor Dr. **Georg Bartels.** (Im Druck.)

FSC
www.fsc.org
MIX
Papier | Fördert
gute Waldnutzung
FSC® C083411

Kolibri 360 GmbH
Ferdinand-Jühlke-Straße 7
99095 Erfurt, Deutschland
produktsicherheit@kolibri360.de